每天的生活，都是靈魂的精心創造

You create your own reality.

每天的生活，都是靈魂的精心創造

You create your own reality.

You create your own reality.

每 天 的 生 活 ， 都 是 靈 魂 的 精 心 創 造

陳嘉珍作品

心心相印
——我的心靈經驗與修行

作者——陳嘉珍
總編輯——李佳穎
責任編輯——管心
校對——謝惠鈴
美術設計——唐壽南
版面構成——黃鳳君
圖片提供——陳嘉珍
發行人——許添盛
出版發行——賽斯文化事業有限公司
地址——新北市新店區中央七街 26 號 4 樓
電話——22196629
傳真——22193778
郵撥——50044421
版權部——陳秋萍
數位出版部——李志峯
行銷業務部——李家瑩
網路行銷部——高心怡
法律顧問——北辰著作權事務所
印刷——鴻柏印刷事業股份有限公司
總經銷——吳氏圖書股份有限公司
地址——新北市中和區中正路 788-1 號 5 樓
電話——32340036　傳真——32340037
2017 年 6 月 1 日　初版一刷
2017 年 6 月 16 日　初版二刷
售價新台幣 380 元（缺頁或破損的書，請寄回更換）

ISBN 978-986-94178-2-2
賽斯文化網站 http://www.sethtaiwan.com

Bonding Hearts
心心相印
我的心靈經驗與修行

陳嘉珍 著

關於賽斯文化

發行人 許添盛醫師

我是個腳踏實地的理想主義者。賽斯文化，是為了推廣賽斯心法及身心靈健康理念而成立的文化事業，希望透過理性與感性層面，召喚出人類心靈的「愛、智慧、內在感官及創造力」，讓每位接觸我們的讀者，具體感受「每天的生活，都是靈魂的精心創造——You create your own reality.」我們計畫出版符合新時代賽斯精神之書籍、有聲書、影音商品及生活用品，並提攜新進的身心靈作家，致力於賽斯思想及身心靈健康觀念的推廣，期待與大家攜手共創身心靈健康新文明。

心心相印
——我的心靈經驗與修行

Bonding Hearts

目錄

〈推薦人的話〉

更切身的體會

許添盛

認識嘉珍執行長超過一、二十年了，從最早台中賽斯讀書會的帶領人到台中分會的主任；早年經營協會相當辛苦，嘉珍在擔任台中分會主任期間，六、七年未支領過分文薪水。

後來成立新時代賽斯教育基金會，她還捐出了新台幣一百萬元，作為成立基金的一部分（據說她成為基金會執行長的原因在於此，哈哈，說笑的……）可以說，早年的主任們都是跟著我一起成長、打天下，在我身邊學習個案的心靈對話及身心靈成長團體的帶領。

以前推廣賽斯心法時，聽眾人數不足，還得請自己的媽媽、叔叔、伯伯、阿姨坐在台下充場面，彷彿流動攤販似的，開車載著書及CD四處叫賣、推廣。從早期我坐巴士或飛機到台中、高雄上課，她們到巴士站或機場接我，一晃眼也二、三十年過去了。

後來嘉珍執行長也開始定期帶領靜坐冥想團體、癌症病人身心靈成長團體，跟隨我的足跡到台灣各地，乃至世界各地推廣賽斯心法。她與我最大的不同，在於女性的角色，更能散發一種包容、傾聽的特質，而她磁性的聲音，帶領冥想時，不但能引人入勝，也更能透過靜心課程，引導學員體驗更多不同意識轉換的經驗。

我想，這本書的出版帶給讀者耳目一新之感，除了大家平時看多了繁複、精美、深奧的賽斯理論，本書將把讀者的賽斯觀念落實為生活當中更切身的一種體會，也會把賽斯心法的推廣帶向另一個不同的層次。再次的，希望所有讀者都能和我一樣喜歡這本《心心相印》。

〈自序〉
熱衷「意識的探險」

陳嘉珍

九年來，我一直很熱衷「意識的探險」！

出版第一套《啟動內在感官的12堂課》冥想有聲書的同時，每週四晚上七點，我總是準時坐在教室，和一群有興趣的學員練習意識游離的探險遊戲。

雖然是依著我設計的主題一步步進行，但有時，跟隨直覺，意識常常會脫軌而滑出預定的行程，這樣的冒險所帶來的驚喜，一直是支持我有規律且持續進行的動力。因為，太有趣了！

魯柏在自己的著作《意識的探險》和《實習神明手冊》書裡，記錄了非常豐富出神和通靈的練習方法，也相當嚴謹的親自操作，並有許多精彩的實驗成果。其實，賽斯一開始和魯柏與約瑟上課的《早期課》

裡，就有非常多他們夫妻倆練習心理時間的精彩內容，在賽斯的指導下，揭示了自我意識永遠無法到達的心靈邊界，除非我們願意打開意識的限制。

人類的意識專門化了，集中焦點在某些特殊經驗上，但就心理、生理上，永遠具有改變那個模式的可能性，例如，擴展自己的概念、對人類潛能更大的了解，就像魯柏的經驗，正是代表了潛藏在每個人之內的能力線索。

我好奇地試著參詳他們的實驗方法，知識和體驗是兩回事，那意識擴展之後的觸角，究竟能夠把我帶向何處？能夠穿透內我到達哪一個遙遠的世界？

這是非常個人性的私密旅行，也許我練習的方式和過程不及魯柏和約瑟的縝密，但我依然要為自己的勇往直前喝采，畢竟我也突破了屬於個人的許多限制，耐心地不斷重複試著，在每一次意識焦點轉變的瞬間，去體驗不同的知覺層次，我是真的想要自己去找尋答案——透過自己的實驗。

找什麼答案呢？這麼多年來有紀律的反覆練習，對我向來不安浮躁的性格，有了極大的安撫和鎮定效果，而且不知不覺，自我限制鬆開了，主觀感受就像是跳進泳池和大海之間的不同。在心靈大海優游的時刻，我得以遇見遺落多時或被我冷漠忽略的其他自己，像是和老友久別重逢，喜悅之情無以言說。我並沒有被囚禁在一個肉體裡，只能在此世選擇的人生劇碼終其一生——這就是我想要找尋的答案吧！

在這本書裡，分享了許多我自己以及學員們的學習體會，能夠這樣誠實的打開自己，剛開始我是猶豫的——許多不著邊際的感知經驗，會不會讓人感到很奇怪？

轉個念，無論分享的特殊經驗是真，還是個人短暫的人格分裂所創造出來的現象，所有該被質疑的部分，賽斯資料以及魯柏夫婦的實驗證明，已經足以作為我個人經驗的精神支持。

事實是，這些看似神奇的意識轉變，你我每一天每一個時刻都在發生，我把這本書的內容定位在故事分享，以及穿插我所體會到的心理時間、感覺基調，以及內在感官啟動後、意識擴展的各種現象記錄。

它可能比前兩套《啟動內在感官》和《與超靈有約》的練習更貼近每個人實際上內心的需要，練習的同時，也自然提升了意識的廣度和深度！

從「敞開自己」、「打掃心靈房間」，透過「靜心與觀心」，了解自己和心靈的共振連結，直到「好好睡覺」，練習建構一個專屬於自己內在空間的主題設計，都可以在日常生活中調整緊繃的心情，透過不同意識焦點的轉變，來提升自我覺察的能力。

前兩套冥想練習，我最常聽見學員的反應是，睡著了，都不知道過程中的引導是什麼。但是，有位小學退休的校長，竟然將每一片引導內容逐字逐句記錄下來，並且偕同幾位同好持續反覆練習。據他說，已協助他考上幾張證照，因為他可以在靜心中看見考題，當然，自我催眠的正面暗示，必有神奇的作用吧！

我是先寫序言才開始進行內容的，但是，直到完稿，我的序言並沒什麼調整，我是用「結果先確定」，來鞭策自己耐著性子完成它。

我真要感謝每一位陪著我做意識探險的學員，感謝內在的指引，也許稱之為神、指導靈、天使、神佛，或是賽斯、魯柏……無論是誰，都感謝他們在我每次墜落在心靈暗夜裡時，總會適時的為我點亮一盞明燈。

原來，我從來就不曾孤單過！

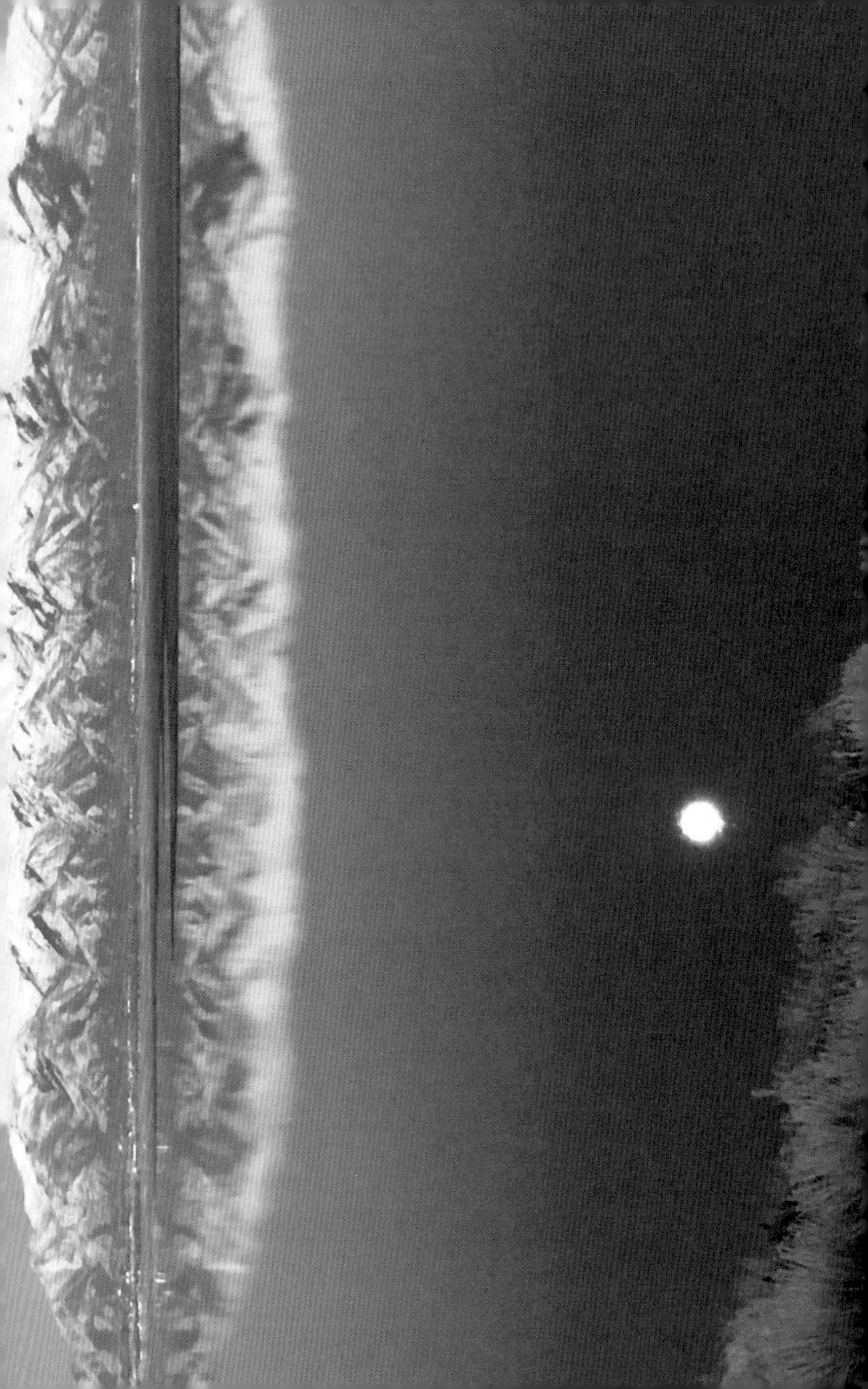

Chapter 1

看不見 不代表不存在

你看不見風，卻能感覺到風輕拂你的臉頰；你聞得到花香，卻看不見花的香味。你看不見情緒，卻會感覺到手足無措、煩躁不堪、喜悅痛苦。你看不見賽斯，祂卻透過魯柏的口，說出數不清的經典名句、宇宙真相；其他許多透過不同名稱和管道出現的能量體，你或許稱之為天使、上師、耶穌、佛陀、指導靈……都不是用肉體來宣說宇宙的真理，那麼，祂們在哪裡？深刻影響著你人生的，是那肉體感官看不到的部分！

瓦沙契山脈的鹽湖

向陽的積雪漸漸融化了，成群的野雁總是排列整齊四處覓食。不太冷，快步走在人行道上，天空如此湛藍，不遠處的瓦沙契山脈綿延不絕，無邊無際的「空」，彷彿拆解了肉身的邊界，擴展的意識像無垠的天空恣意展開。

將近十年間，幾乎每年都會去美國一趟，除了協助推廣賽斯心法、拓展據點之外，我都會順道拜訪住在猶他州鹽湖城的友人，並且住上一小段時間。這個山城，標高一三二〇公尺，周圍高山海拔三五二八公尺，緊靠大鹽湖而得名，附近風景非常純淨。

每天當他們夫妻都去上班，唯一的兒子去上學了，這個坐落在農場邊的屋子，就我一人，非常安靜。

我最喜歡坐在餐桌前，望著桌旁的落地窗，用相機記下對門白色木屋在光影下的變化。十年來，我從未見到有人出入那個小白屋，但是，望著望著，總有種時空交錯的感覺，彷彿，它是我曾經住過的地方；彷佛，它只有在我注視下才存在、才有意義似的。

每天，我都會出外走走，一個人單獨在幾乎沒有人煙的原野裡漫步著，大地寧靜得幾乎只有聽見自己內在的聲音！

即便在街道上，行人很少，除了偶有呼嘯而過的車子，突然一聲劃破寂靜，但很快又會恢復原狀。尤其是在白雪皚皚的冬天，路上，更是遇不到一個人。朋友笑我瘋了，這麼冷還上街。

這真是一段愉快的時光。我喜歡獨自在雪地裡漫步，在曠野裡舒展身心，很多時間我都在靜默中體驗與自然合一的感覺，尤其是下雪天，很奇怪的，我的身體怕冷，又曾患過敏鼻炎，但是這幾年，練習靜心，體質變了，即便在雪地，身子從裡到外，有種完全被淨化的舒爽，很快就暖起來了。

從朋友家就可以遙望美麗的鹽湖，開車，也只要二十分鐘。所以，每次拜訪好友，我都一定會去鹽湖朝聖。有一年冬天，整個鹽湖全結冰了，風景區幾乎只有我們這輛車，朋友知道我很愛鹽湖，即便在地居民冬天根本不會踏足那個地方，卻好心為我充當司機，隨時聽我指令「停車」，她便會停靠路邊，然後自己在車上玩字謎，放任我這個瘋狂的人，獨自在湖邊「受凍」。

賽斯曾指出猶他州是地球四個能量交會點之一，也許是瓦沙契山脈是銅礦山，本就很有能量，而摩門教會選擇這裡成為大本營，一定有其道理，我一直記在心中。直到，我真的站在這個為古老印地安人稱為聖山所圍繞的鹽湖時，我就明白交會點的意義了！

一種難以言喻的純淨和寧靜，站在被瓦沙契山脈環繞的鹽湖，很容易體會意識擴展的感覺。身體瞬間失去邊界，整個人完全融進一片雪白之中，天地根本無別，彷彿你進入生命最原初的狀態：只是「存在」。整個山區像抽了真空一樣的寧靜，我卻同時感知到巨大的意識充滿整個空間。

只不過凝神站了短短幾分鐘，卻似經歷了宇宙洪荒一直到未知邊界的「寬闊」，若不是朋友叫我快進車裡，我一定會不知不覺地站成一條冰柱。

太令我難忘的經驗！只要雙眼閉上，那一片天連著山、連著湖泊、

到雪白的地面，我體會到沒有開始也沒有結束的「廣闊的現在」。從這次之後，我的心底，總是有個聲音，常常會呼喚我「回家」。透過那無邊無際的大自然，我總會聽見、看見無法言傳的訊息。

也許，神祕天性就是和最原初存在本質的一種聯繫密碼。魯柏「物質宇宙即意念的建構」的領會，是因她神祕天性的啟動，而連接上宇宙的真知。許多人心領神會的訊息來源，都不是外在感官的看見，而是來自那「空」——望出去空無一物的「空」；向內觀照冥思中的「空」。

當你的腦袋停止思維，騰出空間之時，就是接收、聽聞、看見最豐富訊息的時候，那是難以言喻、文字也無法到達的神祕境地。

宇宙是大訊息場

宇宙是大訊息場，個人是小訊息場，兩者間不斷在交流著各種情報。靜坐時，物質世界的雜訊會被過濾掉，宇宙訊息就會越來越清晰，而靜心不只是坐著，在散步、讀書、煮飯掃地……專注做任何一件事時，都是在靜心。

帶領「啟動內在感官」靜心冥想課程的最大作用，就是包括我自己，逐漸熟悉在靜默中的一種心領神會，無論學員是否有經驗，幾乎都可以在一段時間的練習之後，體會無聲之聲，以及接收到懸浮在空中的各種訊息。

就賽斯的說法，每個意識單位都會互遞訊息。意識單位是萬事萬物存在最基本的粒子，是有覺性的最微小粒子。地球的整個環境，都是由一個個有意識的原子精神性地建造的，而每個原子，最初便是由意識單位所形成的。

試想，你的周圍，甚至你自己本身，充滿了數不清的意識單位，隨時隨刻因著各種思想意念，藉由情感能量的啟動，而聚合形成物質、事件，串聯成人們的一生……每每想到這裡，突然覺得整個空中好熱鬧。甚至這樣的「空」，也是各種不同實相交流訊息的地方，有趣的是，說「地方」，卻是不占空間的。

第一次到鹽湖城，是孩子十歲的時候，生活瑣事太多，暫時出離。那時，好友還沒有搬到農場旁，我住在一間很喜歡的半層地下室房間裡，很安靜，床也非常舒服。一直有時差的我，頭腦昏沉，因為怕自己睡著，於是，我在床上靜坐一下，沒多久，實在撐不住了，倒頭就睡。睡得很沉，卻記得我做了一個非常有趣的夢，夢見好友站在我的床旁跟我說什麼，而且看見姪女在國外（那時她還小在念書，如今卻已經是到處飛的空姐，一個預知夢）；同時，床尾竟然站了兩個美國女人，異口同聲的說：

「靜坐好舒服，再坐一次吧！」

我在朦朦朧朧、半睡半醒間聽得好清楚，而且影像清晰。等我真正醒來，影像聲音就消失了。

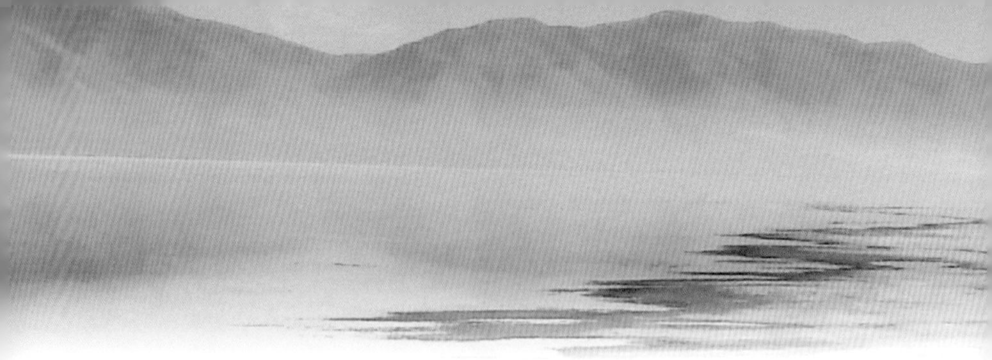

我覺得那兩個美國女人真的離我很近，她們也許曾經住在這裡……未來或者說過去，沒有以為的那麼遙遠，在半夢半醒裡，意識游離，是接觸不同實相的時機，轉換頻道似的，不同的時空和人物，在交會點裡遇見了。

一次有趣的經驗，證實了靜心或睡眠時的意識游離，是連接訊息的通道。

敲開靈魂的記憶

忘了是哪一年，我的靈魂記憶被敲開了！

那時，還沒有高鐵，到外縣市上課多是搭乘巴士。我很會暈車，加上下了課精神耗弱，而巴士內的空調常常帶著霉味，還好客運設有單人豪華座椅，算是舒服，兩個小時的車程，不太能睡，看看影片時間就過了。讓自己轉移焦點，好離開味道和搖晃的車身。

那時，常常問自己，為什麼要那麼辛苦的南北奔波？只因對賽斯心法的喜愛？只因被老師也是老友的許添盛醫師推廣精神感動，所以才傻呼呼的跟隨在後，協助他到各地去推廣扎根？只是這個理由嗎？

一種你說不出所以然卻又非常自然、有強烈衝動感覺的，八成都跟靈魂的意願和轉世記憶有關！

我從來沒有許過什麼偉大的志願，更別提成為改變世界的理想主義者，我只能說，由於個性熱情和對賽斯資料的喜愛，又特別喜歡與人分享，當年主持讀書會，純粹是因為想談賽斯，所以找人來聽。然而，接觸之後的人生發展，從未在我有意識的腦袋出現過。那麼，是什麼機緣，引領我步上這條彷彿早已設計安排好的道路？

人生的轉折，內我知道！

賽斯在他的第一本書《靈魂永生》裡，指出每個人的內我都藏著有關於轉世的記憶，直待時機成熟，在特殊機緣之下就會被喚醒。我細細回想那次在客運上的奇遇，的確印證了賽斯的轉世觀？還是我疲累之下的幻覺？

我照往常一坐定位子後，就立即打開小螢幕找電影看。那部現在已記不起片名、只記得有「奇蹟」二字的外國片，劇情大概描述有一對龍鳳雙胞胎，才六、七歲的年紀，哥哥竟然被診斷出罹患癌症，而且醫生宣判無救；男孩的媽媽嚇壞了，一心想辦法要治好兒子。

電影裡，當醫生宣布小男孩得到癌症時，我竟然非常悲傷的哭了起來，在熄燈的車上，努力壓制啜泣的聲音。可是，止不住眼淚的同時，我為自己過度的反應給嚇到了，不過就是電影，而且那時已經在許醫師身邊學習帶癌症團體，又不是沒經驗，情緒反應怎會這樣強烈？

接下來的劇情，媽媽聽了建議，不顧家人反對，堅決要帶孩子去東歐的某一個國家找靈療師，好為已被醫生宣判無望的兒子尋得一線生機。

那是在一片曠野的郊外，排了長長的隊伍，只見一位中年男子，眼睛閉著，就用雙手放在患者的病痛部位，才一會兒功夫，病人就像是吃了仙丹妙藥似地輕鬆起來，甚至坐輪椅的也能起而行走！

在此之前，就聽過一些靈媒擁有治病的能力，我雖然也見過，但還沒有遇見像電影裡靈療師的功力，眼前所見不過就是電影嘛！就當靈療師將雙手放在男孩的身上時，突然同時間從電視螢幕裡，衝出一股很強的能量，直直撞擊在我的胸口上，我嚇了一大跳，怎麼回事？眼淚還沒乾，這時，更強烈的感覺在心中漸漸撕裂開來，這次哭得更止不住了，一直哭到兩眼昏花，連頭都痛了起來。

我以為自己病了，在車上還好燈光昏暗，我努力止住哭聲，但整個人像被沖煞到似的呆住了！

這情緒一直維持到進了家門，我一刻也沒有停止剛剛被能量撞擊、既驚嚇又疑惑的心情，直到第二天醒來，頭已經不痛，疑惑仍在。

我開始觀照自己，我可以非常安然的在大自然裡獨處，的確喜歡當下直覺的力量，而不耐煩學習規矩繁瑣的方法。難怪我沒有參加過什麼訓練課程，也不是醫療人員，我只是喜愛賽斯，以及被許醫師「狂烈」助人的精神感動、很有共鳴，再加上很想學習他如何將賽斯心法運用在治療上的技巧，於是，十幾年來，我跟著他土法煉鋼似的一步步鍛鍊操作。賽斯心法是通靈來的資料，運用在治療上，真正發生作用、幫助病人好起來的關鍵，並不是來自言語或具體的治療方法，卻是看不見的能

量在運作。思想是能量，意圖是能量，在治療過程中，治療師愛的意圖、內在的品質，才是協助個案療癒的真正關鍵，我觀察許醫師治療病人的過程，他根本就是一位很厲害的靈療師，而靈療師當然就是懂得運用能量來治療病人的人。我感覺透過電視螢幕衝撞出來的能量，的確是喚醒我轉世和靈療有關的記憶。

從此，我內心有了一種微妙的變化。

運用聯想能力，也是和轉世人格碰觸的方式。我開始有意識的去感覺能量，也開始刻意練習不要太對焦在實相上。

穿透眼前的幻相，直達事事物物背後的實相！

只要我遇到難關，這句來自內我溫柔的提醒就會悠悠地出現，支持我度過無數人生的低潮。意思是：不要全然相信眼中所見，卻是要留意

心中所感，感知那來自「空的訊息」。

越過自我意識的感知

自《啟動內在感官》冥想CD出版後，八年來，除了出國或有重要的事，幾乎沒有停過課。過程中，有些人持續幾年，有些學員幾堂課就打退堂鼓，這期間，我最常聽到同學發問：「為什麼我會不知不覺流下眼淚？我又沒有發生什麼悲傷的事？」更有趣的疑問：「為什麼我才閉上眼睛，左眼竟然流淚，結束後，卻是右眼流淚？」有更多學員剛練習時都說，聽著我的引導很快就睡著了，有人還一心只是來好好睡覺，因為在非常寧靜的氛圍裡，總會得到很有品質的休息。當然也有坐立不安、覺得浪費時間的人。對於沒有靜坐經驗的人而言，川流不息的念頭是最大的煩惱，越想止念，越難進入狀況。

我一邊帶課一邊觀察，特別是意識如何因身體和腦袋放鬆之後，開始轉移方向所出現的各種現象。醒時的意識焦點，全然被生活中的事物吸引了所有注意力，就好像你專心在電腦前工作，就會忽略甚至聽不見隔壁房間或是身旁的人在做什麼或說什麼。

意識可比喻成覺知的一種能力、一種聚焦的狀態。醒時的肉身由自我掌權，關注的是生活中的點滴；但睡覺或冥想時，隨著身體的放鬆，自我也漸漸的退場了，內我意識開始可以自由進出醒時無法關照到的地方。

這種意識游離的變化過程，若是耐心練習幾堂課，甚至在更短的時間內，通常都會有所感知，許多有趣的現象會漸漸出現。

賽斯說：「除了肉體感官之外還有內在感官，這些感官使我們能夠知覺存在於物質世界之外的實相。」「首先你必須停止與你的自我全盤認同，而了悟你比你的自我知覺得更多，你必須要求自己勝過你所曾要求的……我們的資料要求你心智與直覺的擴展。」（《靈界的訊息》）

那莫名地流淚、冥想時睡著的現象，其實都是意識游離的效果。由於內在積存了太多被自我意識壓抑下來的情緒感受，一旦放鬆，那些渴望被你看見關注的陳年舊情，終有機會被照見，但因為不熟悉，醒來後自我就位，就會產生疑惑，自我保護壓抑的習慣立即當家做主；而所謂睡著，其實是在靜心的氛圍裡太放鬆了，意識暫時離開，通常我的一聲「好」（準備結束的聲音）出現，即便鼾聲連連睡著的人，也會立即清醒，像是催眠似的。我發現，有特意來放鬆休息的學員，即便每次都睡著，都會達到很好的休息品質，夜裡睡覺也不一定會有這樣真正放鬆的舒服。

那時，意識跑到那兒去了？

肉體感官所能感知的對象，都在無邊無際的虛空之中占有一個明確的位置，而那無限廣袤、沒有物質占據的「空」裡，還存在些什麼呢？

更有趣的是，當你張著眼，什麼也看不見；當你閉上雙眼，或在意識游離之時，卻開始能夠感覺到虛空中其實非常熱鬧。

走出實相之外

十幾年前，我曾和一位友人約在咖啡廳裡見面，人不多，老闆娘

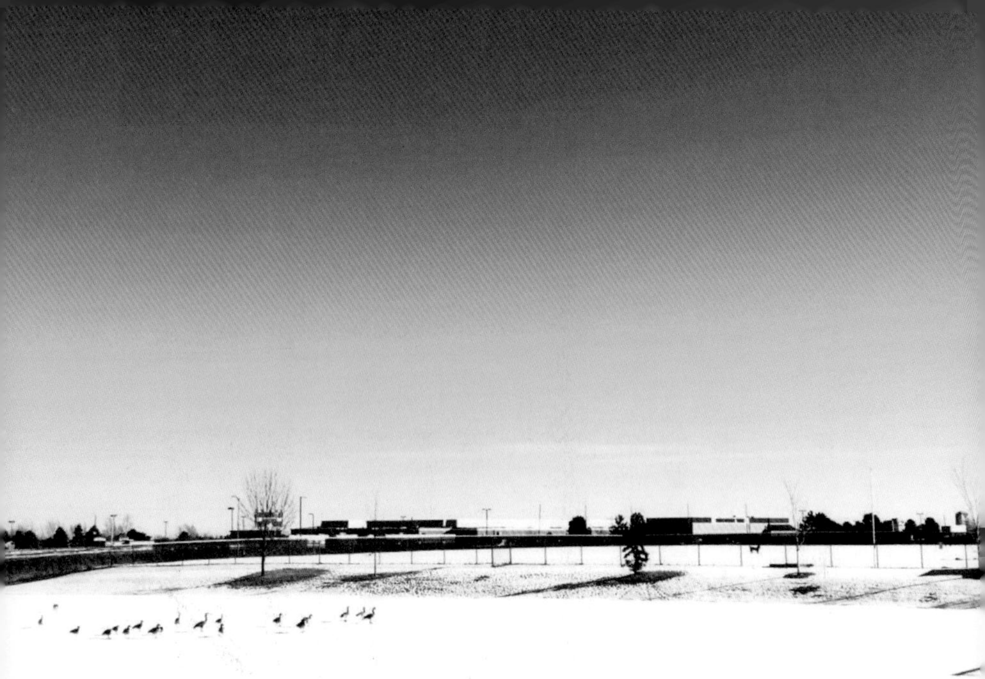

認識她，所以對她有時會出神的狀態已經習慣了。

當時，她握著我的手，雙眼閉著，不到一分鐘，她開始說話，聲音比平時要更有力：「祂是為了你而來！」當這句話蹦出口的同時，我突然感到全身一陣痙攣，一股很大的能量幾乎要把桌子彈起來，我的雙眼也是閉著，卻開始汩汩的流出眼淚，我當下感到一股很濃很濃愛的能量由頭頂流進我整個人。

當我正為此刻的反應感到震驚時，卻有一種「我是被了解」的極深刻溫暖，讓我感覺好心安。這能量是中性的，強而有力。

這種經驗在往後習修的過程中常常出現。可以說，我是靠著這樣看不見的支持力量一步步走到今天！

她接著說：「我要給你很多很多的愛，是語言無法形容的，很多事情不是你眼裡所看見的樣子，你只要信任就好！」雖然話是從她的口中說出，聲音卻來自遠方，非常溫暖有力的音波，一句一句打進我的心坎裡。

在咖啡廳裡呢……我的心卻被愛的能量包圍，這是另一種不同的意識狀態在交流著。當結束連結之後，兩人都已淚流滿面，我們輕輕地擦拭眼淚，會心一笑，彷彿靈魂都已被洗滌了一番。

這是我人生第二次這麼強烈的感受到：看不見卻真真實實存在的能量！我相信這樣的接觸絕對時時刻刻在進行著，只是意識上並未覺察。在後來的習修中，也逐漸明白，「看不見的支持者」其實就是來自內我的聲音，內我是連結宇宙能量的通道，內外無別。從此，我不安的心漸漸能安頓下來。

這次接觸，起因於我見她之前，病了將近一個星期，突然的高燒，竟然全身乏力到出不了門，前一天才去一個朋友家聊天，人還好好的，第二天一早，卻突然燒起來，而且，還忍不住的一直大哭，哭到近乎哀號！我覺得自己很奇怪，還自言自語邊哭著邊問自己：「我在哭什麼啊？」一家人都去上班上學了，我連開車去找醫生的力氣都沒有。哭累了，就上床去休息，等醒來之後，又開始哭，詭異極了！我被自己怪異的狀態給嚇到，繼續觀察自己，腦袋實在想不起來有什麼事可以讓我哭成這樣。

這件事發生之前，我已經練習靜坐幾年了，一直沒有什麼感覺，耐著性子持續著，主要是為了治療過敏鼻炎，有點成效，心也比較安定，所以願意繼續。

去見朋友的前一天，燒已退，整個人感覺一種清爽和安靜。當晚做了一個夢，夢中浴室裡的浴缸清洗得乾乾淨淨，只剩一點細沙還未流盡，而家門口（不是我住的家）有一排桃紅色的花，粉嫩豔麗，覺得很有象徵意義。

次日見了她，有了一段奇遇，而當天晚上早就約著去參加一場共修，帶領者竟然是啟動桃紅色的光來觀想淨化。這不是巧合。

在那以後，我在靜心時，慢慢的主觀感受變得不太一樣，持續靜心的動機更強烈了，彷彿被剝掉一層外殼，這外殼是人生前半段的積習。我開始進入另一個實相。

打開你的心吧！這是擴展人生境界的重要態度，當你願意轉移對物質實相的關注、望向那看似空無一物的空時，或當你轉向內在心境、放下外在感官的焦點時，這一刻，就是準備意識擴展的入門。讓所有可能性來到你的經驗裡，讓你的意識擁有更多機會，一瞥數不清卻一直影響著你的可能實相，進駐到當下的生命裡。

第1個練習

敞開自己解讀訊息

賽斯說，空無一物的地方，其實充滿了訊息。它們來自於每個人的意念、任何一個生物的意識，甚至由不具肉體的能量人格元素傳遞而來，還有人與人之間的心電感應；這些訊息看不見，卻會不斷影響你的感覺和決定。如果你太信任外在感官，所有這些豐富的訊息都會被你阻擋在外，無法接收。

上述觀念的調整以及有意願的敞開自己，是接受訊息的第一步。

靜靜的觀照自己一段時間，不做任何設限與比較，只是傾聽、觀照，在一段時間之後，你一定會有一些微妙的感受和訊息在心中流動。無論接受到什麼樣的訊息，你只是觀察就好。

請放心，這種訊息不會讓你做出傷害自己與傷害別人的事。宇宙的訊息場是以愛為基礎的，當你能夠持續一段時間，必定能夠了解並捕捉到宇宙為你量身訂做的訊息。

不管你學過什麼樣的法門，在練習的此刻你都願意放下。空出你的心、開放你的心，然後等待、觀察。

有時你心神不寧、感到莫名的不安，有可能是跟你有關的人送出的訊息所致。

相反的，若你強烈的想念對方，對方也會在非肉體的感知下接收到。你可能會突然接到一通電話，是久未謀面的朋友潛意識接收到你傳遞的訊息而打來，而他有意識的腦袋，並不知道為什麼會有和你聯絡的衝動。

穿著舒適的衣服，找一個固定安靜的角落，以舒服的姿勢或坐或臥。專注幾次深呼吸，特別是有意識的吸氣時，感覺整個胸口完全敞開；吐氣時，釋放胸口壓抑鬱悶的感覺。連續幾次，你會覺得整個胸膛鬆開許多。慢慢的安靜下來，然後這麼想著：

「我願意開放我自己。」

「我相信所有的訊息都是為我量身訂做的。」

開始想像你的心輪像是一扇門被打開，這宇宙訊息場裡要送給你的訊息會流進你的心輪裡。你同時會升起一種無限敞開、寬廣自由的感覺！沒有負擔，只有信任與流動。

然後，靜心傾聽，只是傾聽不分辨。無論有沒有任何訊息來到心中，你都信任而且願意繼續敞開。

Chapter 2

連結內我的前置作業

曾經，你所認為的真理，其實都只是你的信念。你的世界是由你定義出來的。人類文明發展的過程中，一直在不同的時代出現眾人共同奉為圭臬的真理，但隨時間移轉，它卻禁不起人類意識不斷提升擴展而被質疑、打破。小心檢視你曾經奉行不悖的真理，它們恐怕已經悄悄地成為你心靈房間中的塵灰，這也是你一直無法輕鬆、清明的原因！「在你們的實相領域裡，除了概念的自由之外，並沒有真正的自由；而除了概念的束縛之外，也沒有真正的束縛。」──（《個人與群體事件的本質》）

一個療癒夢

二〇一五年一月二十八日，我做了一個具有象徵性的療癒夢。原本我咳了整整五個月，醒來之後，竟戲劇化的完全好了！（夢境內容見第六章）

次日，我觀察自己，除了偶爾幾聲輕咳，完全沒有出現之前幾乎要把五臟六腑咳出來的情況，我一邊觀察自己，一邊在想，發生了什麼？

其實我從小氣管就敏感，也常常在季節交替的時候感冒咳嗽，在生完女兒之後，爆發嚴重的過敏性鼻炎，折磨了好多年，許多治療方法試了都沒效。在一個機緣下，我開始靜心練習，幾年來竟然治好了惱人的過敏性鼻炎和身體發冷的症狀。於是持續練習十幾年，沒想到還出版了冥想CD。而這次的狂咳，是多年來頭一遭，我一邊辛苦地繼續上課忙碌，一邊觀察自己的身心，我知道該好好面對了。

我喝了整整十罐的咳嗽藥水，以往只要幾口就會止咳，這次由外在看來似乎是太累，但我內心冥冥中感知到，這是一次心靈大掃除，許多年來隱晦不明、極度壓抑的情緒感受，彷彿統統要咳出來，讓我好好看見面對！

咳嗽期間，應家人朋友要求，去醫院檢查了一下；另外，我還看了一位認識二十幾年的中醫師，當年因為看見他架上有賽斯書，於是，他成了我的家庭醫生，這次，他把了脈說，咳嗽和「有事情還沒想通」有關。

我喜歡聽他跟我說這些身體的心靈語言，當下會心一笑，接受這個診斷，也沒吃他開的藥，因為，這咳嗽無藥可醫，而是生命來到了大清理的階段。這不也是賽斯的教導「身體是心靈的一面鏡子」嗎？我的心裡，有問題。

二〇一四年我過得非常辛苦，漸漸失去了生命的熱情，尤其到了下半年，我強烈的想要離開熟悉的環境，不斷質疑自己的能力。我害怕失去對人的真誠，更害怕自己的無感，不再對我做的事情懷抱著意義……這全是我個人內心的焦慮與痛苦，亟欲找尋出口。

我關照到，我對將近二十年所投注心力與熱情的環境漸漸失去動

力，只想離開，而我也深深的明白，凡該面對的，不會消失，走上心靈這條覺察的道路，許多幽微的感受遲早要躍出檯面，無法打混含糊帶過，我隱約感覺到是什麼，但是自我意識仍在逃避。

於是我開始醞釀出走，就在年底我下定決心暫時離開，次年年初，我已經做好安排，直到一個療癒性的夢境出現後，我更肯定這個決定是對的。有了明確的內在指引，接下來的安排非常順利——心裡搞定了，一切就會定位。

我的個性太負責、太執著、太求好，許多事放不下，許多人緊掛心頭，心上一直承擔太重卻沒有能力清理解決，甚至不想面對。無計可施之下，我二月份提出留職停薪三個半月，三月二十一日春分當日飛往英國，展開人生第一次真正的出離。

走出去，是我「放下」的具體行動，也是心靈掃除的旅程。

行文至此，正逢二〇一六年春分三月二十日，好巧啊！

我開始相信，這是我自己設的局：這樣的個性，這樣的遭遇。人生修練的過程，就在逐漸明白設這個局的用意。所有事情都不具意義，除非自己賦予它們意義。

我的個性很急、很沒耐心，牡羊座愛變化、很衝動，有行動力但後繼無力。我的冥想CD，四年出版一套，真是夠慢的！可是，靈魂偏偏安排生命中我最在乎的事，都急不得。八年來，我反覆練習自己設計的冥想課程，看似我在帶課程，事實上是在磨練耐心，時間到了就坐在位子上，靜心等待著過程中意識的變化，看看會遇見什麼？心理時間的靜心練習，急不得，需要在一點一滴的磨練中，體會內在感官的作用。很明確地，在我人生的局裡，有一條就是訓練自己「慢慢來」。那個療癒夢也提醒了這一點。

這八年來實驗的心得，有太多有趣和印證賽斯教導的實例，彷彿魯柏、約瑟剛開始進行ESP（超感官知覺能力）的實驗一樣，我喜歡親自驗證。但是，這過程真正帶給我的意義就是：透過心靈的掃除，撥開阻礙性的信念，更真實的向內認識自己。

鬼影般的念頭來來去去

一位癌症團療的學員剛加入時，很憂鬱、很低落，因為病治好後一直不敢生氣，怕負面情緒傷身。過去在職場上驍勇善戰、生龍活虎的他，現在成了無聲的小貓，覺得人生好無趣。沒想到上了團療幾次之後，他漸漸充滿戰鬥力，覺得人生重燃活力，而那些再也壓抑不了的恨意，激發他整天都在想著報復的方法，越想越有力量、越開心！

「這樣到底好不好啊？恨是不對的，會不會影響身體？」他會擔心自己的狀況，卻又感受到如此真實的情緒力量。

「情緒本身沒有對錯，你可以恨。」我還建議他寫下報復三十六招、討債七十二式、與恨共處的妙方……「寫本書吧！」我忍不住出了一堆餿主意，大夥聽了都興奮起來。

我邊說邊觀察團體中每個人的心境。多數人從小都被教導負面情緒是不好、不對的，但是，知性上知道不對，為什麼感覺上卻無法控制？

而一個害怕負面情緒的人，自然會想盡辦法控制和隱藏，或是找一堆理由合理化，久而久之，這情緒的能量到哪去了呢？

從能量不滅定律來看，情緒能量不會憑空消失，但它會轉變形式。身體的病痛當然是一種表達方式；而躲藏在心裡的情緒能量，卻不易覺察，有時一躲數十年，甚至透過轉世延續！

情緒是看得見的思想，思想是產生情緒的來處。

我們的腦袋瓜子常常片刻不得閒，據說，思想速度是說話速度的四倍，假如，某種悲觀負面的念頭形成習慣，它在腦海中迅速的來來去去，未必覺察得到，因為自我意識只處理焦點的事件。有時，你可以感知某些思想像鬼影般的浮晃著，但是幾乎抓不住它們！譬如，你工作能力很好，然而每次忙碌的時候，你腦袋就會出現細細碎碎的聲音：「你真差勁，真沒效率！」你的學業成績已經名列前茅，可是每遇考試前，腦中就會碎唸著：「你真差勁，一定考不好！」

又好比你講課已經很受學生歡迎，但每次講完，腦中就會出現：「剛剛講得好糟啊！」只要對方不在身旁或是沒有聯絡，你的腦袋立即就會響起：「他不愛我了！」然後一次又一次掉落在自己想法的失落憂傷裡。

很明顯的，這些否定自己細細碎碎的聲音，就是尚未處理面對的思想念相，而這些思想念相都是來自信念，也就是人生價值觀，缺乏自信。恐怕自小就不斷被要求凡事要做到完美，或來自做不好會受責罰或被批判的不愉快經驗。

心靈房間裡的塵埃

人生的信念，或說人生價值觀的建構，來自兩個方面：一是自小成長環境的學習，父母、師長、社會的規範；一是來自你個人的特殊經驗。二者也會不斷的交互影響。此外，轉世經驗又是另一個深刻影響此生的印痕。

成長環境和教育當然是形成人格的重要基礎，甚至，父母或養育者的能量磁場，即便你已經離開他們，透過心電感應，也會不斷地影響你。而細胞記錄了心電感應的資料之後，會漸漸形成人格特質，成為日後處事觀點的基本態度。

談到個人成長過程中的特殊經驗。我曾經輔導過一位女醫生，她只要遇上瀕死的病人，就會嚇到頭皮發麻，恐慌發作。她一直很困擾，醫生怎麼會怕死人？在醫學院的時候，因為課業忙碌，根本沒有時間害怕，許多感覺被忙碌推擠到內心底層。畢業後當了醫生，經濟、工作都穩定了，她的恐慌漸漸浮上檯面，連男友邀約出國旅行，都被她拒絕——她根本不敢坐飛機！

我們一起從日常生活裡找尋蛛絲馬跡，原以為是父親的壓力、金錢的需求，細談之後，又發現其實沒有她以為那麼大的壓力，和男友的關係也穩定，可是，為什麼會這麼害怕即將或已經死亡的人？

於是我們談及過往。原來，她在小學四年級的時候，母親癌症去世，當時，父親忙著喪事，而妹妹還小，她被要求守靈。深夜裡，她一人獨守在媽媽的棺木旁——小女孩嚇壞了！但是，另一個聲音從心中升起：「她是媽媽，我怎麼可以害怕媽媽？」

她為自己的害怕，感到極度的不安與自責，可是，害怕的感覺如此真實，她著實被自己的複雜感覺給恐嚇了！

當時父親沉浸在悲傷中，根本無暇照顧她的感覺。她孤立無助，害怕又自責，這個震撼小女孩的強烈生命經驗，形成她後來選擇當醫生的原因，但是害怕死亡的感受硬是被壓抑下來；同時出現的羞愧不安，讓她不敢也不知道如何表達，這種心情，恐怕是她害怕面對瀕死病人的重要原因。

她為什麼選擇了這樣的經驗？靈魂帶著什麼目的？

許多生病的人，常在人生奮鬥、盡責告一段落之後才發作，之前忙著自我意識設定的人生目標，很容易忽略心中細細碎碎的各種感覺和聲音，一旦目標達成，開始放鬆下來，心中的門戶敞開，那曾經深埋的各種感覺終於被釋放。因為自我意識躲避太久，以致無法立即認出，還會習慣性地找上各種外在因素，作為生病的合理化解釋。

認識自己多麼不易啊！就算你決定要真實面對，也未必可以立即看見。自我意識的焦點，本就是對準生活層面，以便讓生命能夠繼續、令生存變得容易。但是，這過程中的情緒感受，特別是負面影響的部分，都會被生存的本能掃到一邊。

多年前，我就看過一個才四歲的孩子，因為父母吵架，媽媽離家，小女孩會抱著玩偶自說自話的安慰自己：「沒有關係，我還有爸爸、奶奶、阿姨……」這麼小就會找方法來緩和與媽媽分離的焦慮。後來的成長過程中，她一直是個容易受驚嚇的孩子，很艱難的面對生活。但是，生命終有轉機和精巧安排，小女孩漸漸磨練出一套面對的方式和勇氣，努力半工半讀，到國外遊學打工，以成熟的歷練，逐漸克服自小驚恐經驗所帶來的莫名焦慮。

諸如此類的情形，發生在每個人的身上，只是故事版本不同。那

壓，這麼多不知不覺隱藏的負面情緒，像是塵埃，慢慢墜落在心靈房間中，你從來只會打掃居所，卻無法察覺心靈房間中不知不覺累積的塵埃。你覺察不到，卻一直飽受影響，即便你當前的人生已經很如意，然而，它就是你突然出現莫名哀傷、孤單、疏離，甚至恐懼的原因。

回溯過去

在我所帶領的「啟動內在感官」練習課上，總會引起很多反應的，是「回溯過去」的主題；不用刻意停在某個階段，只等內在自然浮現過往的某一段記憶。這個練習，幾乎多數學員都會重新面對可能早已遺忘的某一段過去場景，而當下情緒立即被挑動，有些人的反應很強烈。憶起愉快場景的現象也有，但是比例上並不多。可見深刻的記憶多半和負面情緒經驗有關。

有位男學員，在心相中突然出現小學三年級時，他繞著餐桌追著弟弟跑的畫面。就在他們玩得興高采烈的時候，突然他撞翻桌上熱騰騰的一鍋湯，剛好灑在弟弟身上！這下非同小可，弟弟大哭大叫，爸爸立即衝出來，抱起弟弟的同時，不分青紅皂白地打了他……當時，他不但嚇壞了，並且還來不及解釋，就被毒打一頓。從此，小男孩和父親有了嫌隙，他認定爸爸愛弟弟不愛他，從此之後，父子兩人的關係落入冰點，及至成人，他和父親的關係都很疏離。

過程中，只聽見他輕輕地啜泣。

接著，我會引導學員有意識地修改過去場景的劇情——你希望過去那件事可以替換成什麼樣的新劇情？而這全新版本，又會帶來什麼樣不同的心情反應？

就在一種放鬆和半出神的意識游離狀態裡，過去彷彿就在當下，自我意識鬆綁後，創造力可以盡情發揮，滿足了內在的渴望。

重新塑造的劇情，真能改變過去和現在嗎？

學員們繼續聽著我的指引，順著內在意識自然流動。突然，那位男學員看見，翻倒的不是一鍋熱湯，而是一盆花，弟弟並沒有燙傷，而父親當然就沒有責罰他。在當下的畫面裡，他和弟弟繼續玩得非常開心。

結束練習之後的分享，他覺察到，當下的心情變得非常不一樣，對父親不能諒解的情緒，真真切切淡化了許多，他欣喜地描述這奇怪的感覺，彷彿記憶已經撞出另一條道路，走進另一個實相，改變了現在人生的某種滋味。

我也很詫異，真的這麼靈光嗎？

下一堂課，我請他繼續分享。他說，回家後，的確主動去探望了父親，兩人相處真的比較輕鬆自在。埋怨父親二十幾年，很奇妙的，他就是不再有怨恨的感覺，一個糾結在心中的痛楚，很清晰的剝落了。

我想，他會有這樣的效果是因為：一、他很認真並有意願想去解決父子問題。二、他準備好了，願意信任並跟隨內我的指引。三、練習過程中，他很放鬆，完全進入一種意識游離半出神狀態，信任內我帶領，勾起隱藏未曾面對的痛苦，也由於信任，在轉變場景的過程裡相當順利。

在放鬆時植入新的信念，絕對比日常苦口婆心的勸說有效。因為少了自我意識的防護網，直接在心靈房間中掃除塵埃，放置綠意盎然的盆

栽，於是，整個房間的感覺瞬間改變。

這是剛開始進行課程時的特殊經驗，令我印象深刻，很令人欣喜。

從思想模式改變印痕

而我自己，每次練習這個主題的時候，竟然對過去的記憶一片空白。我自認很認真的學習自我面對、探索心靈實相，過往經驗應該都已經差不多明白覺察，不再影響我了；換句話說，自我意識認為沒什麼需要面對的了。所以在練習時，我總是出現未來要做些什麼的畫面，而過去，是缺席的。

一次又一次練習這個主題時，我漸漸發現有些不對勁。

我開始更細微地觀察當前的自己，「我願意打開心門如實面對……」催眠著自己，發現我依舊被某些反覆的習性牽絆著，依稀感覺某種莫名的哀傷，時不時地在心底迴繞，而對某些事件我立即的反應，往往連自己都嚇一跳。怎麼會這樣？

我夢中的家，總是出現童年居住的房子，我一直住在那裡直到出嫁。雖然後來老家從兩層樓改建成七層樓，但在夢中，始終只出現房子原初的模樣。我搬過幾次家，這些就幾乎沒有出現在夢裡。那麼，原生家庭應該有許多回憶，對目前的我而言，是重要的。

於是，我開始刻意引導自己，回到那一段時光。

我用老照片來幫助自己回憶（可以是實際上拿得出來的照片，也可以是記憶中的照片）。毫無預示、立即跳上眼前的照片是：我端著飯碗，頂著一頭亂髮，穿著長及膝蓋的碎花睡衣，嘟著嘴，站在小院子裡。應該是六、七歲的年紀，弟弟坐在一旁的板凳上，正把弄著手中的玩具。

印象中，我小時候的照片都是不笑的，好像很不情願被拍。我發覺，原來當我有了弟妹之後，挨罵的機會多了，負起的責任多了，當然不開心。而且，順著意識之流再更深入一點，從那時候，彷彿已經被制定了未來的人生，我是老大，註定要為這個家提早長大和負起責任。

這下子，越來越多過去的畫面出現，像是一個被揭開的箱子；一幕幕被我刻意遺忘的過去場景，開始越來越清晰的躍出箱底。我二十歲之前的人生是黯淡的、痛苦的；我一直為這個家憂心忡忡，特別是父母親，他們之間互動的模式，和各別對我的影響。不想還好，一旦閘門大開，過去的經驗全都湧現上來，這時才驚覺，我竟然壓住了這麼多沒有處理面對的傷痛記憶。父母親的人格特質，以及和他們之間相處的糾葛，影響我實在太深了！

有意識的自己說：「我不要和你們一樣。」但事實是，我用看來相反的作為進行著同樣的戲碼，因為，真正的核心信念沒有改變。

記得二〇一四年的清明節，我站在父親的靈堂前，手撚一炷香，誠心誠意地說：「爸爸，我懂了，你可以離開了！」

多年來靜心的習慣，太多細微的情緒感受，都在有意識、有意願的允諾之下，一一被喚醒。就在我人生責任告一段落，開始可以專心追求心靈成長時，原以為已經面對了許多過往，卻不知那些也只是過去經驗的一部分，還有壓箱底的驚奇，都在後來的出神中逐一揭露。難怪心靈的房間始終不清爽。

一定要這麼剝皮似的自我面對嗎？

從更大的觀點來看，塵埃不也就是人世歷練留下的痕跡？掃除心靈塵灰的過程，為的是明白，人生中究竟為什麼會留下這樣的印痕？這些塵灰可以引領我們了解人生軌跡——這獨屬於個人的價值系統，是由我們對實相的信念、個人特殊的經驗建構而成的，生命藍圖的計畫蘊藏其中。

情緒揭開塵埃的罩紗

會想要打開心門、清掃心靈房間，情緒則是啟動的開關。

透過情緒，能引導我們一步步看到引發情緒的諸般思想。明明心中不甘心，卻要假裝很大方不在意，若讓情緒引導你，將會看見自己不甘心的由來：為什麼會恨？因為沒有被公平對待？進一步發現：你其實很計較什麼是公平……這樣的面對，你將走入更深的內在，看見被植入的信念。賽斯一直強調，要用遊戲般的心情，去探索諸多變種信念背後，究竟藏著什麼？

太多印痕是過去事件的影響，形成今天的行為模式與人格特質。倘若看不見、釐不清這模式，就算自以為清楚明白，也會很快重蹈覆轍。

倘若你不滿意現在生活中的某些部分，那麼，覺察情緒的來龍去脈吧！靜心和進入心理時間的練習，此刻相當重要，可以幫助你放鬆自我意識，卸下防備心態，才能感知到，深藏內心尚未處理的情緒感受究竟為何。隨著靜心功夫的熟稔，那心靈幽境將開始點亮一盞盞明燈，慢慢地你會看見潛意識、無意識的區域，那原來在意識上始終模糊不清的部分，會隨著你如實面對生命真相的強烈意願，而逐一顯露……逐步清理打掃，彷彿阻塞的水管漸漸暢通，內我的訊息逐漸明朗而清楚，你就越來越明白，信念的根源昭然若揭。

第2個練習

打掃心靈房間

打掃心靈房間，就是清理意識心的管道。

將意識心想像成一條水管，管壁內黏緊了許多陳年汙垢，你需要透過活生生的事件所造成的情緒感受，然後慢慢導向內心的關注，留意這情緒感受的源頭，是那些儲藏在意識心管子裡的信念。

接著，透過專注的想像，有一股強大的水流通過管子，正在清理內在一個陰暗、布滿灰塵的房間。這些灰塵，就是引起恐懼、傷心、擔心、痛苦的信念。

停留一會兒，感覺水流正在沖刷意識心管子中的汙垢。水流量越來越大，也開始清理房間每一個角落。去感覺水流沖洗過的房間，漸漸清朗明亮。

也可以想像一隊清潔工人一起幫你打掃，令你感到清理過程輕鬆愉快。清潔完畢，你可以祈請一切萬有、諸佛神明、指導靈給予房間加持放光。

進一步想像燦爛的陽光透過窗戶照了進來，灑滿一室的光亮，讓人感到非常舒服。

常常做這個練習。尤其當你心情鬱悶、煩惱迷惑時，最好固定時間來做心房的清理淨化，它總能帶來清爽輕鬆的感覺。就像居住的環境得常常打掃，住起來才會舒服，人舒服了，腦袋就會清明。

不妨給自己一個安靜固定的空間和位置，每天睡前，都可以做這個練習。

心靈要時時更新，永保常新。

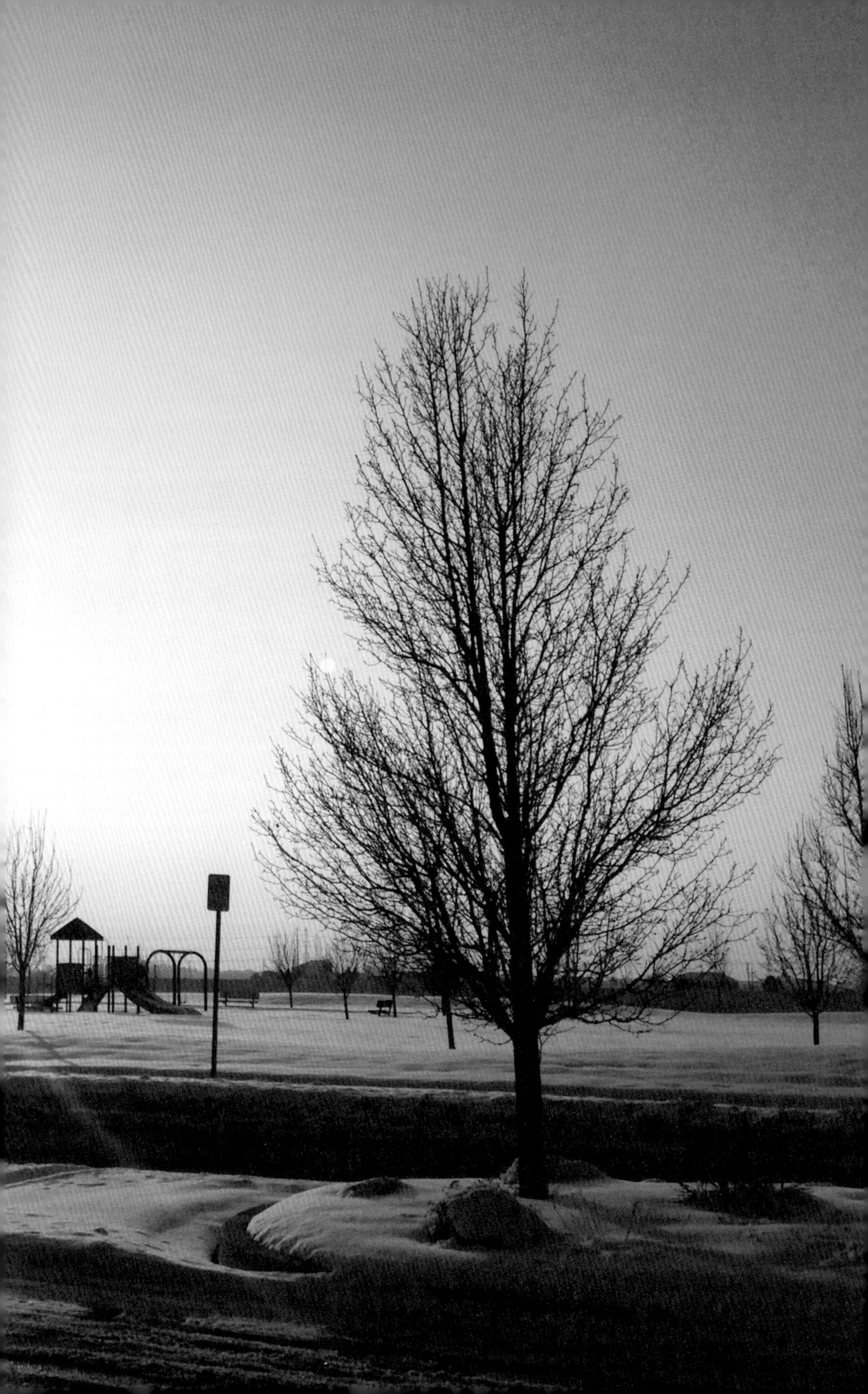

Chapter 3

走入心靈的幽徑

我旅遊過地圖上許多地方，也同時旅遊過心靈地圖的高山與湖泊。雙腳實際踏著的濕軟土地，在心靈的旅遊中，我也是那土地。我邊走邊形成那道路、那丘陵、那海洋、那農場，我的肉身所能抵達的地方，心靈同時形成了那些地方。

臨在，就是一種沒有分離的當下

今早起霧了，昨天還是豔陽高照的好天氣呢！我心底隱隱的期待積雪不要太快融化，九點多出門，步行去附近一個我很喜歡的小公園。沿路上沒有一個人，小公園的溜滑梯和盪鞦韆深陷在白雪裡，整個景致就像一幅畫似地凝住不動。

空蕩蕩的小公園只有我和白雪，霧濛濛的一片，透出一種神祕的美，整個空間安靜到連呼吸都變輕了，深怕打破這片寧靜。

不冷，空氣非常乾淨，我決定踩著深及膝蓋的積雪前行，每一步都要慢，僅只是兩公尺遠的距離，卻走上了好幾分鐘。

終於來到木板座椅前，拍掉椅上的積雪坐下來，環顧四周，眼光自然落在只有幾步遠的鞦韆，積雪太深，無法去盪鞦韆，就在同時，恍然見到春日從不停歇的鞦韆和盪著鞦韆的孩子笑臉！

遠處偶爾傳來幾聲狗吠、疾駛而過的汽車聲，還有迴繞在整個空間、微乎其微的大地之聲，我只是聽見了。聽見，是一種單純感官功能的反應，並沒有對之產生分辨好惡的念頭，我享受著當下聆聽聲音的喜悅，以及聲音之間空白處的靜謐，甚至連「聲音」也是靜謐的。當下沒有我這個人存在，只是感官的作用和自然發生的喜悅。當你和周遭所有動靜在一起、無分彼此時，這就是所謂的「臨在」吧！「我」只是存在著，享受當下肉身感官的作用和內心單純至樂的感受。

這是心靈的極地，也是觀心的起點。

整個旅程，無論在哪一個地方，我都擺盪在臨在的覺知與離開之間。覺知臨在，身心輕安寧靜穩重；離開臨在，感官就像雷達似地自動搜索環境的動靜，時而轉身觀望，時而起念思考，同時無意識地引發許多瞻前顧後的聯想，身心是忙碌的。這時很難覺察，環境就是心靈的延伸。

這個起霧雪白的早晨，我有種明白，有種對「臨在」更深刻的明白！

心靈是「你創造它，它也創造你」

曾聽朋友說，他從小就覺得這個世界上只有他一個人存在；另一個朋友說，他從小就覺得跟自己在一起非常舒服；也有人告訴我，他從小就認為看見的每樣東西都是假的，只要一閉眼，全都會消失。

女兒不到三歲，就會支著頭望著我，充滿疑惑、口齒不清地問我：「媽媽，人死了去哪裡啊？」至於兒子，是個創造型的孩子，整天都在研發武器玩具，才一歲，就會夾著書本很認真地說，「我要去做研究了！」那時，他根本不認識幾個大字，對於這個世界充滿好奇心。

我想想自己，最小的記憶是走失在菜市場、被帶到警察局裡等著被認領。才學爬，就會開門到處去串門子，把鄰居供奉的土地公搬下來；走丟、大哭，是幼兒時期的印象。而小我兩歲的弟弟，從小就是個跟屁蟲，媽媽在哪兒，他就搬張小板凳，安安靜靜坐在她身邊，一步也不離。

這難不成預告了，日後我的人格特質就是：走出去冒險！心底隱隱

覺得人生很神祕，我必須去探索。

每個生命誕生之時，即刻就穿上肉體的衣服，帶著選擇的原型人格展開這一生，但同時也攜帶了心靈裡深藏各式經驗的記憶。這就可以解釋，為什麼一個幼小的孩子，天生就會產生這些看來沒道理的感覺？人格為何如此不同？對這個世界的觀點，彷彿天生就有種內在的明白。「它不是一個在那兒等著你探測的、已完成或近乎完成的主觀宇宙，而是一種不斷形成的存在狀態，你目前的存在感居於其中，你創造它，而它創造你！」賽斯如是說。

每個人與生俱有的內在知識清楚這一切，明白有個比你目前身分更大的存在，所有生命由祂而生。這個存在就是心靈，你為你的心靈創造了物理時間，而心靈要透過你，才能擁有對春夏秋冬四季以及人生中每一個境遇的體驗。

你眼前所見，心中所感，都是你和心靈共同的創造；你因為實質的渴望而啟動心靈的創造，心靈則是渴望透過你體會種種的經驗而創造。

這樣的天生知識，激發生命誕生之後，幾乎每個人都會循著自己獨特的想法感受，以及與世界接觸的奇特姿勢，而升起對生命意義的好奇，啟動探索的動力！

心靈無法被定義

心靈，是一切生命創造的源頭，物質世界的一切由之而生。但是心靈無法被定義，就像愛無法被定義一樣，它需要透過想像力來得到某種直接的體驗。心靈也無法被時間框住，那一次又一次的轉世經驗，並非在時間序列裡一個接著一個，而是疊成當下生命的一種深度和厚度，但又不占空間！

問問自己對神的概念是什麼，你同樣也可以合理的來問心靈是什麼。當你以為神是有一個完成、完全的形象，那麼，你也會以為心靈是一個完成的狀態。

然而，心靈是不斷在變化的過程中，你從生命無法掌控的現象就可以得知，計畫永遠趕不上變化。一如神的創造無邊無際，從沒有一個是

最完整、已完成了的神的形象；人們膜拜偉大具象的神，其實是自我投射出渴望不變、可供依靠的謬思具體化結果。

當我們好奇地找尋生命的意義、想要認識真正的自己，實際上你是在表達，想要尋找比你認識的自己更大的版本，你想探索溢出你生命輪廓的那一個更恢弘版本的心靈，你的內心一直在冥冥中感知到，生命背後有一個支撐者，否則你如何解釋生命中發生所有難以預期的現象？

心靈是什麼？

和好友一同觀看夜景，心情大好，這是心靈！

一個人在大自然裡漫步，無言卻喜悅，是心靈！

欣賞一幅畫、聆聽一首樂曲、品味一壺茶，都是增益心靈美好經驗的活動。在一種直接感受、體驗當下的愉悅裡，它是不占時間空間的一種生命品質，這種外在行動，也同時引動心靈的延伸，創造出美好感受的擴大效應，於是很奇妙的，對應的物質世界就會顯得更美好，至少，對應的心態就容易轉念，並傾向樂觀。

然而，人心太容易受外境的影響，許多未經過濾的觀念，常常直搗內心，引發各式各樣撼動人心的效應，好比執著或擔憂，心靈接收太多自我未經揀擇的負面訊息，也順勢創造因你的焦點而產生的擴大效應，彷彿人生越活越痛苦。當你覺得人生滋味日漸乾涸，從痛苦到不痛不癢的無感人生，這時你就知道，心靈環境的塵埃汙垢累積得多麼深厚。

這一切不愉悅的狀態，也是心靈！

觀心，就是觀照心靈、連結心靈。心，是對應外境產生共振的地方，也是當心靈提供靈感直覺給你時的接收器。

感動時，你會撫著胸口心輪的位置；心痛時，你也會撫著它；當下接收直覺靈感時，你的心也會率先做出反應，是一種振動或心悸的感覺。

引起心輪的種種反應，對應了你的諸般思緒。心，原來是接收器也是反應器。

心的共振，在心靈大海的能量之中發生作用！

若心靈是生命的最高指導處，那麼，它為何創造出那麼多的人生苦難呢？

其實不是心靈要創造苦難，是你的自我意識以為要透過苦難才能成長。心靈如實幫助你，完成你所選擇的人生境遇。

假如自我願意放手並信任，將人生全然交由心靈來指揮，會變得如何？

走入心靈的幽徑

二〇一五年春分，我獨自飛往英國劍橋整整住了兩個月，除了白天上語文學校外，其餘時間幾乎都在「漫遊」。

漫遊，就是沒有目的四處走走，就像意識游離，暫時遠離習慣的氛園和環境。

我住在離劍橋約四十分鐘車程的郊區，在這裡，我可以把自己全然交託出去，給予天，給予地，給予空氣和微寒的風！

我將腦袋空下來，心敞開來，全心全意去感知充滿在整個空間看不見卻感覺得到的氣息。賽斯說過一句很美的話：「整個存有比空氣還要更貼近你……」放眼望去，具象的物質很少，多是連著天地、一望無際的曠野，走在其中，我感覺肌膚不再是界線了。

此生這個時刻，頭一次可以這麼奢華地享受著，感覺那看不見卻一直深深影響著我生命的宇宙能量。

說來有趣，人一直是活在這樣的宇宙能量裡，而我卻要千里迢迢地跑來這個地方體驗。

當你心中擠滿各種陳年舊事、情緒感受，有時，還真要透過改變環境來轉化能量，幫助自我意識走出慣性的牢籠。在這裡，我每天都能大口大口的吸氣吐氣，徹底的釋放舊能量與補充新能量。

離住家不遠的農場邊，有一條幽靜的小徑，我若白天要上課，就傍晚來，不上課時，早晚都來。我是如此享受在小徑散步，以及被冷冷的空氣、淡淡的香味緊緊擁抱著的感覺。

我常常不自主地停下腳步，閉著雙眼，開放我所有的毛細孔，全然而專注於被宇宙愛著、呵護著的感覺，當下，幾乎可以聽懂植物們的低語、明白鳥鳴傳送的訊息。

我可以專一地去感覺看不見卻影響著我的存有能量，我可以如此放膽地對著周圍所有的存在說：「我要！」我總能立即透過植物的香味、樹葉的抖動以及天上飄過的雲朵，接收到無邊無際愛的能量；我還能感受到大地母親透過我踏在柔軟泥土上的雙腿，送上滿滿的愛與支持。

我天天望著無限寬廣的「空」，很自然的，心慢慢安靜下來了。

這是一種直接的體驗，眼睛所見不起念，只是看著，直接和對應物接觸，之間卻不需要想法來交流溝通。我就是對方，我就是花草蟲鳥、藍天白雲，當下就有一種無法言喻的明白。

原來存在，就是這種感覺：物我合一，沒有分別，當下即是。

走在這一條心靈幽徑裡，體會到的神祕經驗，就是大自然能量所

帶來的療癒效果。當你無法靠著自己的轉念或努力改變身心狀態，那麼，到大自然裡，讓一切萬有的愛，透過每一陣輕拂身體的風，來療癒自己吧！

傾聽自己

剛開始練習進入心理時間、靜心安坐，是許多人很難持續的一種狀態。常會聽到抱怨，為什麼平日沒有那多細碎的思緒，一靜下來，反而各種思潮蜂擁而至，時而驚濤駭浪，叫人坐立不安；時而細雨綿綿，干擾不斷。此時，你就會意識到，原來內心有多麼地紛亂。然而，你是否好奇，一旦進入狀態，深入感覺基調的共鳴，再逐步進入更深更廣的心靈花園，你將體會到什麼？

那是一個外在感官關閉才能出現的地方，也是我個人一直深深著迷的。

有人曾經形容，我的個性像爆米花一樣，不斷從機器裡爆出許多許多點子。這形容真有趣，也很貼切。從小我就是個活潑愛動的小孩，滿腦袋點子，才學會走路，就常常跟著別人的腳步，一溜煙就不見了。外婆和媽媽常常到警察局領小孩，假如是今天，恐怕早就失蹤了吧！

我總是耗費許多精力在對峙我如爆米花般的念頭，快樂的也就罷了，許多時候卻是充滿了悲觀和阻礙。那時，對人生起了太多疑惑，也曾走入宗教，試著禪坐來練習停止這諸多紛擾的念頭。

可是，念頭怎麼止啊？數息從一到十，絕對是數到一半就昏沉混亂；靜坐，簡直就是專心胡思亂想的時機！

想要止念，得先了解要止什麼念。為什麼要制止它？是念來擾人，還是自己撥弄念頭，擾亂了一池春水？

人生戲碼，不就是由靈魂的念頭起了因？由你「此世的焦點人格」來演出。靈魂的念頭何其多，何只焦點人格此世這齣戲碼？還有上演在不同年代、不同劇情角色的各式精采大戲，全都一起在宇宙本體的大舞台上演出。但是，你如何得知自己的其他角色呢？

賽斯說，所有不同自己的人格整合叫做「全我」，而「焦點人格」是全我推派來物質世界的人格代表，同意演出這個時代劇裡的角色，這都是為了體驗全我無限創造的發展潛能，以及學會為自己的創造負起責任。

於是，你無法止念。創造的欲望追尋你的念頭，你的念頭又創造出更多的欲望，每個人創造出來的實相遠比自己知道的更多！每個出現的意念，都形成一個世界，人格創造挑戰和失敗的劇情，然後繼續創造克服和超越的戲劇高潮，最後滿足心靈想要進步的欲望。真正的「進步」，是指心靈上的明白，超越過去的自己，而非和別人比較。這也叫做「開悟」。

我不再用止念來強迫自己什麼都不想。因為靜心，而清楚看見意念的此起彼落，看見意念的來來去去，視它為正常現象而和平共處，只是觀照，而不再對應起更多的念，進而有能力選擇意念和轉念。這樣的功夫，已足以提升意識擴展能力。

煩惱是觀心的推動力

不能呼吸，於是你將注意力回到自身！

生病疼痛，於是你將注意力回到自身！

內心折磨，於是你將注意力回到自身！

舉凡一切在物質實相裡發生的波折，身體的痛楚，心裡的憂傷，都會將你的注意力焦點從對外境的關注，轉而回到自身。疼痛是一種對意識的刺激，你會迅速且無誤的直接回到自己。

疾病、痛苦與憂傷，都是非常靈性的過程，心靈呼喚你回到自身的安排。因為，由心靈推派出去和物質世界打交道的自我，日漸坐大，幾乎被外界聲音事件充滿，逐漸失去和心靈的溝通，忽略內在的提醒和訊息；於是透過意識極大的刺激，來找回自我對心靈的觀照，再次連結。

這正是心靈派出自我時，所埋下的伏筆。

曾經有位乳癌患者，口口聲聲說，她家庭和樂、孩子爭氣，老公對她很好，特別提早退休，在山上買了一塊地，每天帶她上山呼吸新鮮空氣，並自種有機蔬菜養生。這所有的幸福，卻給她帶來內心的痛苦，她自己也非常納悶！

我們的頭腦總以為，在物質上擁有很多是幸福的，但是，因為擁有而無法做自己，那還幸福嗎？

終於有一次，她脫口而出，「我其實一點也不喜歡種菜啊！可是先生對我又那麼好……」她的內心充滿被幸福綁架的無奈。因為是幸福，就更不會體察痛苦的緣由，直到生病，喚回注意力，才開始聆聽心靈的召喚：「活出自己！」

人生總是不盡如人意，但也相當神奇而有智慧。得到的，可能代表著失去，失去的，卻暗藏更大的獲得。我們頭腦都知道，但是感覺過不去。後來，我自己練就出一個面對人生無奈的口訣：「該我的一定跑不掉，不該我的，強求也無益！」

老生常談，大家都知道，可是，這要對內在心靈擁有多大的信任啊！你必須對還不明白的人生遭遇徹底臣服，同時加上一句：「是的，這是我要的！」

將自我意識放下，讓心靈來帶領，首先就必須鍛鍊和心靈接觸、「看見」的本領；不但要了解心靈是什麼，還得透過覺察練習去創造個人的體會。心靈並沒有離你太遙遠，此刻的你就是心靈，是純粹能量透過獨特形式的具體呈現。純粹能量是無法被毀滅的，它不斷的在創造中，而你根本無法在物質實相中找到證據，因為那是心靈創造的偽裝，唯有了解你自己的心理活動，才能最接近心靈無限創造的本質。

多年前有一次，在台南和兩位好友一起靜心，結束前，突然看見我們三人身處一座非常美麗的花園，接著有位女神幫我們三人戴上花冠。

當時，白光閃耀，感動莫名，我還自動做出幫大家戴花冠的手勢，結束後，他們都感覺到一種非常溫暖的能量。

我接觸很多孩子，其中包括我的女兒，都表示他們從很小的時候，就可以感覺到有個「高靈」、「靈魂」、「更大的自己」在身邊給予支持和引導，有些人還指出，他們會站在右上方！

這是心靈純粹能量的無形接觸，它無法被公開證明，卻能夠在意識轉移焦點時的心理變化中感知。如此私密的經驗，就像夢境一樣地可以影響醒時的人生。當個人內心的感受改變，也會改變實質生活的滋味，由於信任心靈的支持，了悟自己從不曾單獨奮戰，將會是多麼令人欣慰安心的人生風景！

安靜下來，慢慢走入心靈的幽徑，聆聽並享受那看似遙遠、其實近在眼前的心靈之音吧！

第3個練習

靜心與觀心

每一種情緒都有它的振動頻率，喜悅的振動頻率是一種輕盈舒暢的感覺，呼吸特別流暢，心輪舒放敞開，所謂開心就是如此。

悲傷的振動頻率是一種沉沉有壓力的感覺，呼吸沉重不太流暢。

恐懼的振動頻率是一種慌亂不安的感覺，呼吸急促，坐立不安。若是真的坐不住，不要勉強，起身走走，做些輕鬆的事情，轉換心情。

準備好了，就躺下來，或是舒服的坐著，慢慢調整呼吸，感覺全身放鬆下來。

專注感受身體細微的變化，靜靜體察內心自然浮現的感覺，各種感覺都有它的振動頻率，例如，出現悲傷的畫面，你會感到心輪有種低沉、悶悶的感覺，你也許會覺得身體某部分緊繃著，這是低沉的振動頻率。

這時，你只要觀察它，讓意識自然進入這種頻率的脈動，也許，接下來你會流下眼淚，伴隨某些畫面的出現，你只要看著，像個旁觀者，繼續感受那種振動頻率，持續緩慢的呼吸，跟著CD的指引和冥想音樂的流動，你可以很容易的調整心態。

接著，想像你所熟悉的諸神菩薩或任何你信賴的宇宙能量，開始不斷送出源源不絕的光與愛，就像太陽照著你的全身，感覺這種能量的撫慰，持續一段時間，你會慢慢的感覺到心安，身體逐漸溫暖起來。

進一步的，想像身體的每個細胞在細微的震動，就像光在跳躍；也像蜂鳥拍動翅膀般，全身細緻地震動著。你的意識專注而放鬆。

在靜默中，感覺細緻的振動頻率並持續一段時間。

我們的身體，是一個能量體，也是更高能量的接收器，在靜心下來，內在感官啟動之後，無輪產生什麼樣的情緒感受，透過觀照，不逃避不掩藏，接受並安撫它，慢慢的，這些感覺也將流逝。

常常靜心與觀心，你將會漸漸了解如何和自己的情緒感受共振。

Chapter 4 —

自在遊戲的記錄

任何新的經驗多少都改變了人格，因此這個經驗將會擴大你意識的幅度，把那些能力和內在感知帶到你覺察的範圍內，雖然你以前可能忽略它們，但在你身為人類一分子所繼承的能力當中，卻是不可或缺的部分！

（《實習神明手冊》）

發現心靈能力的真相

賽斯剛和魯柏、約瑟連結時，非常強調心理時間練習的重要，不斷敦促他倆每天練習，哪怕只是十分鐘。心理時間是和內我連結的通道，所有關於「你」的自我所沒有覺察到的廣闊實相，都能透過進入心理時間而觸碰到。由於意識心只會選擇對焦在你准許他知道的事情上，所以，多數人根本不知道自身潛藏著與生俱來的內在能力，種類之多，力量之大，超過自我能力的認知範圍，好比預知未來、心電感應、自癒能力、天耳通、天眼通、穿梭夢境、感知轉世多重空間角色的能力……

我向來很相信科幻電影裡對心靈能力的描述，只要演得出來，就在表達劇作家的創造力，雖然多半看似誇張，但事實上，這都是無限想像力創造出人類潛能的可能版本，只要意念所及，就能出現相對的實相。我很喜歡電影《X戰警》裡的變種人訓練學校，吐火、變身、迅速移動……這就是心靈能力開發後的誇張性版本。尤其是X教授，他能感知別人的想法和感覺。這種心靈能力，對賽斯而言，根本不足為奇。

賽斯在《個人實相本質》書中，提到一位名叫奧古斯都的人及其人格狀態，他的主人格是軟弱無能的，但進入次人格後，所展現的體能，前後判若兩人。二〇一六年美國心理驚悚片《分裂》，就在描述多重人格出現在同一個肉體，所展現出不同能力的驚人現象，說明了意念改變，可以啟動不同潛能的例子。

魯柏和約瑟是認真的學生，他們透過心理時間的實驗，證實人類心靈能力的存在與可靠性。這些資料引發我像恢復記憶似地，漸漸回想起曾在人生中出現的奇妙現象，也成為我日後有紀律做練習的動力。有一次在心理時間的練習時，看見自己的肉體突然裂成兩半，從中升起一個個潔白光亮的「自己」，不斷向上飛升，「看見」灰黑的肉身乘載許多重擔與負面能量，但是肉身之內卻含藏著靈魂完美的本質。這實在太有趣了，心靈空間可以如此地無限增建與擴展！

進入心理時間，你將再次連結肉身所來之處的生命本源，啟動內在的心靈力量。這就是擴展心靈空間最重要的通關密徑。

心理時間究竟是什麼？

心理時間，是跨越不同意識層次的通道。淺白的說，就是當你寧靜下來，意識開始游離，進入一種輕微的出神狀態時，你會開始體驗到不同的時間感覺，甚至空間也會開始變化形狀。

心理時間跳脫了醒時鐘錶時間的限制，你會進入一種主觀的時間感，例如，你覺得剛剛靜坐好像才過十分鐘，可是結束後，時鐘已經過了一小時。它也像在做夢，夢中的你可能已經旅遊了過去與未來，醒來後，卻發現只是黃粱一夢。然而，夢中遊歷的情景和心情，依然迴盪在醒時的感覺裡，意猶未盡。又如，談戀愛或做喜歡的事情時，時間過得特別快；在聽著無趣的課程，卻會覺得時間十分漫長。人在痛苦的經驗裡，特別覺得度日如年；當你人生是如意的，浸潤在喜悅美好的感覺裡，就會覺得時光飛逝。

你專注的觀賞一齣戲、一幅畫、一本書，幾乎聽不見周遭的聲音；你盡情的舞蹈，到了忘我的境界；狂烈的情緒衝擊，把你撞出自我意識平日的感知習慣，產生連自己也無法想像的畫面……這些情況，都是進入心理時間的效應，也是集中意識焦點造成的現象。另外一種情形，是意識焦點擴展，和整個大自然融合在一起時發生的，你不是只有專注於一朵花、一隻蟲，而能覺知所有周圍環境的動靜，你感覺肌膚不再是限制，整個人化為空氣似地失去了物我的邊界，自身藉著皮膚延伸到外在環境，眼中所見的大自然，都是內在心靈更大的延伸。

那麼，時間究竟是長或短？空間究竟占有多大的位置？根本無法定論，那都是依著每個人主觀感受來決定的。

進入心理時間，往往會進入不同層面的時空，因意識狀態的不同，決定你有什麼樣的經歷。這樣的感官能力，就是所謂的「神通」，練習多了，這些能力自然就會穿透時空屏障，滲漏到你的醒時意識，擴大肉體感官知覺的能力，接下來，你眼中的世界會慢慢改變，許多自我的限制也會逐漸打開。

各種修行法門或靜坐練習，幾乎都是先透過呼吸放鬆，慢慢讓腦波進入到 α 波，它是一種讓你感到特別寧靜放鬆的狀態，也是進入心理時間的必經過程。從這個階段開始，你就會慢慢轉移平時對物質實相的專注焦點，透過催眠似的引導，意識焦點順其自然地轉向內在；只要焦點不集中在自我上，超感官知覺力會伺機而出，不須頭腦刻意地，各式內在的心象就會像影片，或透過聲音，開始無預期地顯現。

這樣習修的目的，無非就是要放下平日的執著，打開自我的界線，認清楚自我是內我在物質世界的代表、而不是內我的指揮！常常向內觀照，連結內我的生命能量，你會感到特別的寧靜喜悅，別說通靈能力，對於身心健康也都有了不起的幫助。

動態的心理時間

魯柏在《實習神明手冊》裡，記錄了許多「通靈」的實驗方法、過程和結果，這些內容，都經過她和先生約瑟無數次的驗證。魯柏既是詩人、小說家，也是質地極佳的靈媒，這身分，當然不是這一世才開始啟發的；她個性小心謹慎，也不輕信任何人或權威——包括賽斯。二〇〇九年一月，當我拿到此書時，簡直欣喜若狂，覺得有魯柏實驗的撐腰，我更可以膽大妄為，便依樣畫葫蘆，玩起進入心理時間的遊戲和ESP的實驗。過去，我其實並不熱衷這些通靈遊戲，一直都像個門外漢，靜坐多年根本沒有什麼特殊覺受，唯一收穫就是治好惱人的鼻炎。許多人對神奇的心靈現象所做的描述，對我而言，都只是神話故事，同時還覺得自己資質魯鈍，沒什麼天分，能乖乖坐著已經很不錯了；直到七年之後，才開始有些不同的感覺。

從我出版冥想CD之後，一來為了想體驗進入心理時間、意識擴展的狀態，二來，也想為課程加入一點有趣的元素，於是信任內我的衝動，並且大膽地帶著一群有些才初次體驗心理時間的學員，做了許多好玩的練習；我自己同時也在觀察這樣的遊戲，會迸出什麼樣的心靈現象。

賽斯曾說，他的許多資料，最主要想說明的，就是意識和創造的能力，這兩種能力，衝破我們一直誤以為生命如此平淡無奇的信念，同時打開了無限多重的門禁，發現人類心靈能力的真相。

只要你有意識的對焦，其實，無時無刻，我們都在運用這些能力，幾乎每一個人都體驗過，就像：突然想起某個人，他就剛好來電，甚至無預期的出現在眼前；突然一個念頭，想要去哪玩，就有人剛好來約你去想去的地方。

有一次，我下課經過一家食品店，很想買刈包，但我只是想吃裡頭包的酸菜，猶豫了一下，一個太大吃不完，所以沒有買。沒想到第二天，一位只會做麵包給我的朋友，竟然帶了一罐自製酸菜特別要送我。

我拿著酸菜一邊想著，是她突然想炒酸菜，然後想到要送我一罐，而我接收到她的心意，所以特別望了望刈包裡的酸菜，動了想吃的念

頭；還是，因為我想吃，她剛好接收到我的意念，突然起了炒酸菜給我的衝動！

也許你認為，這些小事有什麼好奇怪的，但你不覺得好奇嗎？所有發生的剛剛好，都是經過內我迅速、且幾乎同時意念傳導，影響對方內在，產生一股衝動，然後不加思索的採取行動，讓彼此意念幾乎不受時空阻隔同時發生，這需要多麼精確的計算，根本不是腦袋能夠計畫進行的……

這是生命非常細膩的一種「體貼」。

二〇一五年年初，出國三個半月回來後，沒兩天，我看見水蜜桃，突然很想吃，沒想到買一個就要近兩百元，最懊惱的是，一點水分也沒，跟吃發糕一樣，心疼啊！結果第二天去辦公室，接二連三有人寄來、也有親自送來當地自種的水蜜桃兩大盒，這麼多嬌豔欲滴、大又多汁的水蜜桃不能放，我根本吃不完，趕緊分送同事吃……很有趣吧！那段時間，一直發生類似的事，讓我沉浸在非常豐盛的驚喜裡。

我細想，這跟我度了一個長長的假期有關，心清空了，少了阻礙，意念自然流動順暢，就像第二章所談的：意識心的管子清理了，所以「心想事成」特別流暢。最重要的是這趟旅程，我幾乎常常處在一種動態的心理時間中。

順帶一提，賽斯剛開始和魯柏接觸時，常常研究她這個人格。他建議魯柏不要失掉與物質宇宙建立一個平衡的關係，每天散步三十分鐘，每天十五分鐘的靜心時段，持續三個月會非常棒，然後三週完全沒有靜心；靜心半小時，持續一個月，接著是一週完全沒有靜心；之後一整年，每天靜心時段不超過半小時，不過這些時段要規律。

這樣的建議，是提醒魯柏不要全部時間都投注在靈性工作上，需要撥出時間和日常生活取得平衡，這是人格向外擴展的方式。

有時，我們暫離一成不變的生活是重要的。出離，是為了意識的擴展，開拓人格的視野，認識心靈更廣闊的延伸。

心理時間實驗

●穿梭夢境與現實

有回練習「穿梭夢境與現實」的冥想課，我讓學員躺下來，跟著我的指引，進入全然放鬆的狀態，想像推開一扇門，進入另一個空間。

有人進入深層意識狀態時，突然出現躺在沙漠中的鯨魚畫面，而他自己竟然躺在鯨魚的舌頭上，濕濕黏黏的感覺非常真實；更有趣的是，躺在旁邊的學員，也「進入」沙漠，接著下一個畫面是看到大海！

結束後，我對這位學員說：「你海中的鯨魚，游到身旁同學的沙漠中了！」

這個如卡通般的情節，會不會是象徵童心未泯的內在小孩？沙漠中的鯨魚，不是自我會接受的畫面，它卻出現在心理時間練習時的內在心

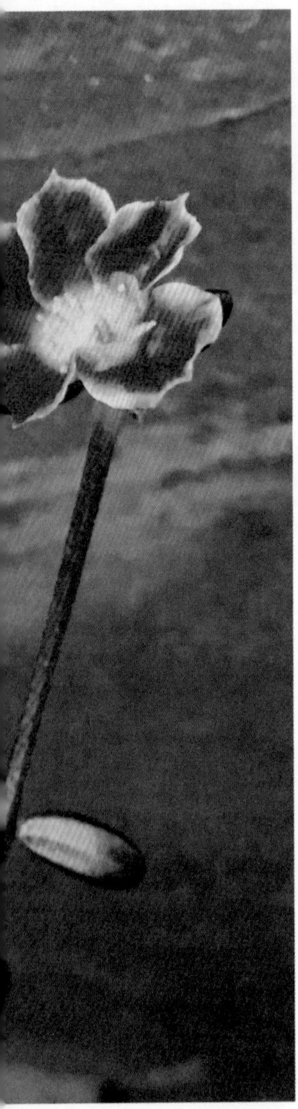

象，而且，常常會跟身旁同學互相影響，並合作似地共同創造劇情。

互相影響的意念，是在做心理時間實驗時，最常發生的事。賽斯說過，每個人都有一個象徵銀行，存著過去轉世和未來的象徵資料，當你開始有意識地觀察恍如夢中的景況，就比較能了解象徵的意義，因為醒時太過對焦在實相裡，而睡夢中又記不起夢中情節，所以經由冥想的引導，進入意識焦點轉移過程仍能保持覺知，這也是練習「清醒夢」的好方法。我們活在象徵的世界，這樣的練習，對於象徵的意義，將會有更清晰的明白，明白象徵，就會明白內我的訊息，也更能了解自己。

感知物品主人的狀態

我常常玩一種遊戲，每個人將自己最常用到的一件物品，包裝在不透明的紙袋裡，然後放在團體中間的燭光旁，先經過一段約四十分鐘的靜心，我稱它為前置作業，然後起身動動身體，舒活一下筋骨。

約莫十五到二十分鐘，再次進入心理時間，這時，多數學員比較能夠靜下心來，感知力會大大的提升，因為前半段的心理時間，是為了調整白日忙碌的心情，許多情緒漸漸釋放，騰出空間，讓內我浮出檯面。

這時，我會讓每位學員隨意去拿一個紙袋，然後放在手掌心中，專注去感知紙袋裡物品的主人在什麼狀態。

我特別強調，不要用觸摸或猜測裡面的東西是什麼，而是順其自然，讓內在浮出的心象、感覺或是聲音，來感知物品主人的狀態。

每次玩這個遊戲，都讓我非常驚喜，即便沒有經驗的學員，竟然都會有很好的感應！

有位男學員，在政府機構做事，平日非常忙碌，聽他說，他常常做預知夢。他來上過一期靜坐課，當他第一次做這個實驗，不但能感知物品主人的性別，還能描述其身形、個性，非常準確，就好像直接看見物品主人似的。

另一位年輕男孩，在描述他的感知時，一直心虛的說：「我一定是胡思亂想的。」帶著有點難為情的聲音，他說看見一隻變色龍，而且幾乎可以感覺它粗糙堅硬的外皮，和非常鮮麗的色彩。

當時，我只是鼓勵他，沒關係，不用太在意。我並沒有發現他的形容和物品主人的關係，直到下課，我準備搭高鐵回台中時，突然一個強烈的感覺蹦出來，這個男生厲害極了！因為，當天團體裡來了一個初次上課的女學員，她一進來坐定，就先說明她不知道這個課究竟在上什麼，只是來看看的。上課中，除了靜心時間，在聽大家輪流分享的時候，她一直斜躺著冷眼旁觀，帶著一點挑釁的味道。重點是，她披著一條色彩非常鮮豔的圍巾，將整個身體覆蓋住。

這個男生描述得非常正確。當他握著手上的物品，立即出現變色龍，實在太符合這物品主人的樣子：色彩鮮麗的圍巾——變色龍；冷眼旁觀又自我保護的調性——變色龍的保護色和堅硬粗糙的外皮！

實在太妙了！在車上，特別叮囑主任，幫我讚美這位男學員，要他對自己有信心，他的感知力實在厲害，而且，在他靦腆沒有自信的外表下，藏著一個調皮、充滿想像力的小男孩。

進行這個遊戲，學員們幾乎都很有收穫。曾經也有人能感知物品主人留著長長的頭髮、個性如何……果真，主人將挽在後腦的頭髮放下來，幾乎長及腰部！——這並不是外在感官看見的。

感知物品

有位第一次上課的女學員，拿到一張薄薄摺疊的紙。她起先以為沒有東西，突然，眼前躍出一片楓葉的形象，她脫口而出——這片楓葉來自山上！

紙片裡，果真包著一片楓葉，而葉子的主人證實，他的確是去年到日本旅行時，於某座山上摘的。他自外地來，沒有準備物品，順手拿了放在書頁裡珍藏的一片葉子，包在紙片裡。

事後，這位學員對自己的感知能力非常驚喜，並且慢慢連結過去一些特殊經驗，對自己更有信心了。

處理自己的內心

一位和我學習靜坐多年的學員，近日苦惱著先生又要換車，兩人為此事各持己見，不相讓步，總是爭吵。靜坐時，我感受到她的腦袋很混亂又緊張，難怪她說，近日肩頸一直僵硬起來。

在靜心的過程中，我引導她去看見自己的恐懼、對金錢匱乏不安的情緒，再進一步的去看見引起她不安的，是自己早就存在的匱乏感。無論先生是否真的活在豐盛中、無憂於金錢，還是無現實感，焦點都不是先生。當下要面對處理的，是她自己的限制信念。過程中，她悄悄地流下眼淚，直到結束時，她覺得好像有種心輪被開啟的感覺。

時隔兩天，我們再見面，她說先生突然去退了車，五萬元的訂金竟然在刷卡之後一天，才接獲銀行通知沒有成功，而同時，家中一輛原來賣不出去的舊車，突然出現了買家。這一連串的變化，就在靜坐後一、二天發生！

許多人不明白，亂花錢的是對方，為什麼是她要反省？但我一直提醒她，要處理的只有自己的情緒和內在的環境，因為，外境對應的都是內心的狀態。

別忘了，對方的出現是因你的吸引力而來，你的情緒因你的信念而產生。假如你相信自己是豐盛的，就會選擇看見先生辛苦賺錢很多年，而不會覺得換車對經濟有何影響，反正花得起嘛，也會支持先生的決定。許多因素組成這個事件，透過內在感官的引導，對當事者而言，終於可以看見自己的信念。

說得出道理不稀奇，看得見別人的問題也沒什麼，唯有明白自己的念頭與習性，並且能轉彎、能面對，才是真功夫。

曾經，因為一場誤會而斷絕往來的朋友，由於我自己內在的整合，竟然在將近一年之後化解了，他不但向我道歉，彼此關係還更親近。這些日子以來，我沒有處理關係，沒有任何辯解聯絡，只有處理自己內心失衡的狀態。

多年下來，這些遊戲讓我證實，進入心理時間、啟動超感官知覺能力，的確是每個人都擁有的潛能，尤其是這種實驗，可以立即得到印證——有時可以非常精確地看見物件主人的狀態，直接表達；有時，卻是經過個人內在的轉譯，用象徵的方式出現。

面對初學者，我都是帶著信心和冒險的心態，看看實驗會迸出什麼樣的火花。而結果證實，幾乎每個人都能立即體驗到什麼是內在心象和直覺感應。進入心理時間的奧妙，是難以言喻的有趣啊！

看見對方的心象

另一個遊戲，更是可以立即感知內在直覺的作用。

一樣經過四十分鐘以上的靜心，然後在課程下半段進行實驗。我將學員兩兩一組，面對面，先由一位學員送出心象給對方，專注送出清晰的畫面，而對方，只要靜心，順其自然，等待突然出現的畫面，然後記住。當然，有時不是透過畫面呈現，而是聲音或感覺。

這練習時間不能太長。時間一長，自我意識就會開始大作文章，擾亂最原初的感應畫面。這種自我習性，就是在日常生活中，最令人困擾又招架不住的胡思亂想，也是遮蔽了內在直覺和衝動的那座牆。

實驗進行時，是雙方練習專注的好機會。一方專注的送出畫面，而另一方專注且輕鬆的等待內在心象。

有位學員，最早進行「啟動內在感官」的課程時，她就參與了，但她是準備來睡覺的。剛開始，我讓學員們可以躺著做練習，所以，她每次都準備好枕頭和小被子，鋪好坐墊，時間一到就躺下來，每次都說睡得好舒服。這一躺就是四年！有趣的是，她後來自己就開始坐起來，專心跟著引導，進行心理時間的練習。

我在她身上看見持續有紀律練習的結果，雖然之前都是來睡覺，其實，她進入一種意識轉移的狀態，只因不明白和不習慣，所以無法記起過程中內在的變化。但是，她覺得在這段時間，得到很好的休息品質，每次我那一聲「好……」，她就完全清醒，精神百倍。

四年後，第一次進入雙人心電感應的遊戲時，對方送出她自己站在家中廚房望著窗外的影像，而這位愛睡覺的學員，不但感知到有人站在

屋內透過窗往外看，同時如實描述：「好奇怪耶，我看到民生路的招牌，還看見一棟大樓！」講完後，對方嚇了一大跳，因為，她住的是大樓，就在民生路上！

換句話說，透過對方的心象望出去，就彷彿她自己站在那裡、透過雙眼看出去一樣，竟然還搜尋出路名和大樓。這個反應讓所有人大吃一驚，也很振奮人心，我更相信心理時間的練習，所能發揮的效益遠超乎預期。這可以說是千里眼的小型版本。

同一堂課上，這一組有人送出大海的畫面，旁邊另一組的學員，竟然備受海浪聲的干擾；也有坐在對面的兩組學員，看見同樣的花園景象。一方送出的是年輕俊美的耶穌肖像，而接收的這方，看見的是十字架。送出紅花，看見紅蘋果；送出海邊漫步的影像，對方看到的是白花花不斷拍打岸邊的浪花！

小朋友就更靈光了，由我送出畫面，讓在場的中年級小朋友接收影像。進行前，一樣要小朋友先靜心，多數都可以安住，坐得很好。然後我順著衝動，竟然投射出一隻「蟑螂」，很好笑！當我看見這心象時，同時還產生噁心的感覺。我就順勢專注送出影像。結果，半數以上的孩子，幾乎都猜：鍬形蟲或獨角仙，也有人說一片咖啡色……我想，蟑螂幾乎人人厭惡，所以自動轉化成可接受的昆蟲吧！

第二次，在我眼前出現一團白絨絨的畫面，起初，我也不知道是什麼，很快的，畫面開始往後拉遠，原來是一隻小綿羊。這時，我專心的送出畫面，一群小朋友都能專心閉著眼睛去感覺。結果，有一半的孩子看見小白兔或一團棉花。答案其實很接近，我還挺滿意的。沒想到，下課休息，有個年紀較小的女孩子，因為害羞不敢說，還是透過組長轉告得知，那小女生怯生生地告訴他：「好奇怪，我怎麼看見一隻小綿羊啊！」

每年暑假，賽斯基金會都會舉辦兒童魔法營。十年前基金會還未成立之時，我就開始自己帶著十幾位小朋友，企圖開發他們的心靈能力，並將賽斯心法帶給他們。漸漸發現，他們哪需要被開發，只要引導就好。每個孩子在沒有壓力和信任之下，很容易就被誘導出潛藏的心靈能力。直到今天，兒童魔法營漸漸有了規模，同時研發了以賽斯心法為基礎的課程和遊戲，中午午休時，也都是讓孩子聽著冥想CD睡覺。

這都是實驗的過程，賽斯說，每個人都是魔法師，你的生活實相，就是你自己施魔法所變出來的結果。我希望將來賽斯魔法學校成立後，能夠投注更多心力和開發更多有趣的課程，來引領孩子們走向心靈的學習，及早奠定肯定自己潛力與獨特性的信心，那該有多好玩啊！

練習啟動內在感官這麼多年，對我最大的幫助就是：我不再害怕把心打開了，意識很容易的可以轉變焦點，對事對人容易轉念不執著，能夠好好地跟自己相處，並且深深信任存在的能量和一切萬有的愛。內在感官透過外在感官的觸鬚延伸出去，我終於能夠聽見曠野的聲音，並且完全融入其中！

第4個
練習

進入心理時間

當你雙眼閉上，專注呼吸，將注意力由外而內，向內觀照，你就開始進入心理時間的前置作業。

心理時間有別於鐘錶時間，因意識專注的方向不同，內心世界就如夢中實相，超越我們熟悉的時空觀念。

進入心理時間，能轉移注意焦點，時間長短不拘。在平日隨著需要做這個練習，往往可以獲得很好的休息，那怕只有十分鐘，卻能獲得一小時休息的品質。

在心理時間裡，也可以獲得來自內在的訊息。所以，當你轉移焦點進入心理時間，留意任何出現的畫面和感覺，不用費心立即想要解讀，可以起身後記錄下來，機緣一到，自然會有答案，或一種心領神會的明白。

進入心理時間，是一種解離的狀態，表示意識離開物質實相。透過一段時間的練習，你將可以更清晰、有意識地觀察內在訊息與直覺的理解。

練習的方式有很多種，透過靈應盤、自動書寫、擺錘……都是和潛意識連接的方法。你進入不同深度的解離狀態，獲得的訊息深度也就不同。

建議使用任何工具想要連結潛意識的訊息前，最好先靜心，讓意識進入輕度解離的狀態，也就是心理時間的前置階段。

現在，端正坐好，脊椎挺直，專注呼吸。幾次之後，觀察身體漸漸放鬆，感覺雙手、雙腳和身體放鬆到完全無法移動。此刻，你可以給自己暗示，也可以順其自然的等待，接收任何畫面和訊息。

重要的心態是：信任。越信任，就能獲得更多來自宇宙的訊息！

Chapter 5
在冥想中改變信念

我們習慣豎耳傾聽別人說話的聲音，卻常常聽不見自己內在的聲音。我們更擅長站在自己獨特的位置，詮釋自己聽到的話語，然後反射似地引起相對應的情緒感受。當你認真的聽進去，你的內心同時迅速地開始加工，用自己悄悄建立起來的人生信念為原料，然後製成你眼前所見、所認為的事實。只有當你安靜下來，你才會發現內在的聲音猶如夏蟬，鼓譟喧鬧，一點都不安靜。此刻，你又聽見了什麼？

如果我相信我是蘋果

《與賽斯對話》這本書裡，有段記錄非常有趣。一位上ＥＳＰ課程的學員問：「如果我相信我是蘋果，而你相信我是橘子，除了我們相信我是的東西之外，有沒有什麼是：我真的是？」

一個非常哲學的問題，類似：「假如我沒有看見，那麼你看見的，對我而言是不存在的，那事實是什麼？」「你說你很愛我，可是我感受不到，那麼對我而言，你對我的愛究竟存在與否？」

就算對方不斷透過各種方式去證明，但你不相信，結果依舊是：「你對我的愛是不存在的。」反之，就算所有人都說他不愛你，甚至他本人也沒有愛你的跡象，你卻深深相信他是愛你的，那麼，愛是存在的嗎？

我看過一部電影，男主角是社會價值認定下條件很差的人，卻深信有一天，美貌的女主角會愛上他。於是，他不斷搜尋愛的痕跡，始終樂觀地去解讀他是被愛著的，即便女主角當面對他說不可能，他依然天真的抱持希望，並深深相信，女主角是還沒有發現他的真心、他的好，她的愛是潛藏著的。「有一天她一定會發現我，接受我的愛！」

男主角好傻，卻令人感動，相信自己是被愛的，跟不相信自己是被愛的，心情截然不同，看來，愛存在與否，和現實上有沒有發生，並沒有直接的關係。男主角幾近自我催眠似地相信他被愛著，是讓自己活在愛的喜悅裡。

愛是因為你相信才存在的嗎？其實愛無所不在，它表單的頂端是宇宙基本架構的元素，但是，不同的心態會導致不同的結果。

世界上有多少人口，就有多少對同一件事的不同觀點，人天生資質不同，加上境遇不同，於是慢慢發展出有錢、有權、有能力的人掌管觀點，「我說了算」。

父母要子女聽話，因為父母的經驗比子女豐富，而且掌管子女生活所需；老闆要員工聽命行事，因為老闆掌管員工的金錢收入；法律要百姓守紀律，因為法律是替國家維護公平正義的律則，所以人民要聽從守法；老師要學生聽從教導，因為老師比學生有知識有學問；專家要群眾聽從他們研究的結果，因為他們學有專精並擁有數據和證據；心靈導師即便強調個人信念會創造實相，仍舊有許多追隨者相信他的觀點，以及他所創造的實相，卻仍不察自己的創造，因為已經習慣聽從智者的話語！

當一個人無法真正聽見內在的指引、覺察各種自己創造實相的信念，就會不知不覺被其他人的觀點所催眠，然後慢慢滲透進入內心，成為內在的聲音，形成處事的角度與態度，而原來真正屬於你個人指引的聲音，漸漸隱沒。

你視為事實的任何一件事，都來自一個看不見的信念。未曾說出的思想，依舊有著強烈的影響力。因為看不見也聽不到內在，所以需要透過生命發生的事件來引導你向內看，找出事件真正發生的原因。

承認與接受「所有的幸與不幸，都是自己造成的」，是人生最大的挑戰。

如何突破重重的催眠罩紗，看穿物質界所謂的「真實」，都是來自內在信念所創造出來的「暫時現象」？

一切是被催眠之後的結果

回到先前的話題，假如我相信我是蘋果，而你相信我是橘子，那麼，究竟我是什麼呢？常常發生的是，你相信別人比你自己多。你專注在別人的說法裡，那麼，不知不覺就會將自己形塑成為別人眼中的那顆橘子。有時，即便你不相信別人，也不見得會相信自己，內心隱隱的，在不同空間存放著自己許多可能的面相，模糊卻有感覺；在夢境中，偶爾會瞥見或相遇，醒來之後，它如鬼影般的隨侍在側，有時你以為見鬼了，其實，正是你可能的自己，或是由想法走出的人格片段體。

賽斯說，真相只有一個，就是「信念創造實相」。

你創造你認識的世界。在個人和集體層面上，它是個基本命題：你專注什麼就得到什麼。

專注，就是進入催眠的一種狀態。

所以，你認為你是蘋果，和他認為你是橘子，事實上並不矛盾。你是誰，一直是由你自己選擇的看法來決定。你日日催眠自己是蘋果，你眼中所見，耳中所聽，心中所感，都集中焦點在蘋果上，日積月累，別人怎麼說你，你都會自動過濾，只聽見你想聽見的。

你深深相信你是什麼，與你真正是什麼，已經沒有直接關聯。衝突是來自於你無法接受他人的看法，或是得不到他人的認同，將他人的看見當成真實，以至於衝撞了你的觀點；你變得不再確定自己的觀點，在諸多觀點之間產生矛盾，讓你變得無所適從。

許多人都在追問著：「我是誰？」這種由外而內的覺察，去發現生命的每一步發展，都是自己創造而來的，一點都不容易。有時以為已經知道了，也做了改變，竟然只是覺察到第一層。就像意識有不同的層次，覺察，也依著意識擴展不同的程度，而來到不同的深度！

那麼，究竟你相信什麼、又不相信什麼？你如何確知你所相信的就是真實？

假如，你眼中所見的一切都是暫時的現象，你所相信的一切有一天都會消失，那麼現在的你，又會選擇相信什麼？

你所相信的一切都是被催眠之後的結果。你催眠自己，也無意識地接受了別人和集體意識的催眠！

這個世界上有太多觀念都在催眠群眾，除了實體以外，商人向你推銷物品，透過廣告來吸引你，許多人會不知不覺被說服，無意識地聽進去，然後買了一堆不會用的東西。

社會流行的趨勢、各行各業的經營推展，置入行銷的都是觀念，透過文字、影像、廣告、宣傳……等等，吸引眾人的關注，不斷催眠大眾，甚至和產品本身產生極大的出入。

從小，父母師長就不斷灌輸許多觀念給孩子，及至於長。人格的成長過程，就是各式各樣信念堆疊起來的成果，可以說，你眼前的這個人，是一堆信念形塑出來的成品。

催眠的深淺不同，造成的影響當然也有層面的差異。於是，認識自我的挑戰，就在於你能發掘被催眠後不同深度的信念，透過覺察的鍛鍊，培養揀選的能力，不再被動地被許多不合時宜的觀念催眠了！

有意識的覺知隱藏的信念

我的人生中經歷過三次恐慌發作。第一次發生在飛機上，我很清楚，因為太累，還好只是從香港飛回桃園，行程很短，否則真不知如何度過那種坐立不安、呼吸短促的難受。下飛機後，我立即跑去商店買了一瓶平常根本不喝的可樂，和一包零嘴。那時還沒有高鐵，必須坐巴士再搖兩個半鐘頭才到台中。一上車，就沒有知覺的吃喝幾口，以撫平焦躁的感覺，心底一直嘟囔著：「我幹嘛那麼辛苦？我要回家掃地煮飯洗衣服，不要再奔波了！」

那段時間，每個月去一趟香港，週六去，週日回來，趕得要命，整整一年，身心的耐力透支了，難怪不舒服。我明白是我的責任感使然，責任感的背後，藏著想表現的渴望，以及實現推廣賽斯心法的渴望，信念很清楚，所以，我立即調整自己的行程。

後來的兩次，卻是出乎我意料之外。都在半夜突然驚醒，呼吸急促，胸口發悶，很惶恐，從來都沒有這樣過。一種極度怕死的感覺漸漸

襲來，我一直以為已經不怕了，經歷了自己的親人和許多癌友的往生，也明白死亡只是意識轉變。可是，恐慌的感覺竟如此逼人，如此真實，彷彿我即將死去。

我不是已經做好準備了嗎？除了媽媽還在身邊，我的人生責任都已了，即使立即走人也沒有遺憾。白天頭腦清醒的時候，我是這樣篤定的，沒想到夜深人靜，半夜醒來，竟然為死亡所催逼，半夜不能吵人，只能自己面對。突然憶起，自己不都在教人深呼吸嗎？於是勉力專注在呼吸上，同時一直在心底呼喚著神明的名字。這段歷程快要一小時吧！我卻覺得綿綿無期、令人絕望，彷彿已經來到死亡邊界。這痛苦，任誰都陪不了，只能無所遁逃的讓恐慌經過我。就這樣，在心悸不安中，努力藉由深呼吸，不知不覺睡著了。醒來之後，竟然好像沒發生過什麼，夜裡的感覺消失得無影無蹤。

我觀察自己，一直在搜尋我對死亡的感覺與信念。不料過沒多久，半夜又來了一次，一樣的症狀。這次，我比較篤定，告訴自己：「別怕，會過去的，這只是暫時現象。」

伴隨著極度不安和焦慮，透過勉強的深呼吸，也祈求上師和天使們的協助，鼓勵自己勇敢的和恐懼在一起，沒多久，又迷迷糊糊睡著了。

天將亮時，意識漸漸甦醒，躺在床上的我，心底一個個清晰的念頭出現了。原來在我心底的，那怕老怕死怕孤單的怕，一直被我堅強的個性給壓抑下來。我一直站在處理親人死亡的前鋒，以為不怕了，就在我開始對焦在我的年紀正漸漸步向老年的「事實」，不知不覺從心底翻起早年對分離和孤單的恐懼，原來我不是怕死，是怕孤單！

這種恐懼，無疑是所有人類害怕的事。集體眾人早已被這股恐懼死亡和孤單的氛圍給催眠了。人類文明的發展，常常貼給老年的標籤，多是負向的觀點，於是，老化、孤單與死亡，是人生最終無法避免的無奈；我以為不怕，那是因為時間未到。

很多人好奇，如此樂觀又在講課的我，怎會害怕孤單和死亡？

在身為人母之後，有意識的自己從來沒有發現，我如此害怕孤單。養兒育女非常忙碌耗神，當時也比較年輕，最渴望的就是單獨一人，人生責任太多，反而常要費心尋找一個人安靜的機會。就在孩子成人之後，人生階段不同了，兒童時期做的一個夢，到現在都還記憶猶新，竟然浮出有意識的層面。

夢中，媽媽走在我前面，我跟不上，還跌了一跤，嚇得一直呼喊媽媽，可是她竟然越走越快，都沒回頭！醒來後，那種極劇烈的分離恐懼開始滲入細胞，在潛意識裡蟄伏著。集體人類被催眠的觀念，也要呼應到個人相同的自我信念，才會產生共振的效果。幼年的我因為恐懼媽媽的離開，開始不自覺的催眠自己：「我是孤單的。」接著，我開始對焦在各種相應的情況，對於分離的劇情特別關注，而產生一種對悲劇的美感遐想。我發現，發生恐慌的那一段時間，我常常不自覺地特別留意老年孤苦無依的新聞事件，尤其是關注母親肉體逐日的崩解：萎縮的肌肉、掉落的牙齒、模糊的意識……人終究有一天要孤單的離世！

我不知不覺喚起對於孤單特別強烈的感受，這是意識的開關，點亮了從小那個鮮明夢境的影響。那個夢是一個象徵，象徵我和母親的關係，以及對於依賴和安全感的需要，我多麼害怕失去她。因為那個夢，也讓我意識到，幼時心底就特別害怕分離，我是老大，很小的時候就學會察言觀色，認真的招呼身邊每個摯愛的親人，特別是父母親，深怕失去他們。

記憶裡，母親的確常常以「出走」要脅我們聽話。有一年她做心導管手術，我自己都已經當媽媽了，以為安排好一切手續，自己可以從容面對，就像處理父親住院到往生一樣的有條理。很奇怪的，我竟然在每天晚上休息時間，突然心臟就會開始亂跳，連續一個星期，我以為遺傳了父母的心臟病，結果去看醫生，才發現是太擔憂媽媽而產生的共振，而我的表層意識卻不知道。明白原因之後，就自然好了。

這個經驗讓我意識到，我多麼害怕媽媽的離開，又是多麼地會用理性來遮掩我內心的脆弱和分離的恐懼。

我的內心早就深植了「人是孤單的」信念，所以那麼地害怕分離，總希望有人在身邊陪伴。然而，多年的學習成長才逐漸明白，真正孤單的感覺，並不是身邊沒有人陪伴，而是對於孤單信念所產生的反應。我不自覺地一直被這個信念給催眠了。我的家人好友都在身邊，情感很深，事實上我並不孤單，但是小時候的畫面，一直躲在成人內心的角落，若沒有面對安撫那個害怕孤單、不知所措的小女孩，這情緒一定會伺機而出、哀傷受苦。我輔導過許多個案，多年之後，仍會出現對個案狀況新的洞見，找出關於個案之前沒有發現的深藏信念。人會變化成長，但若信念不變，情緒便總是反反覆覆。

我忽略了內心那個害怕分離、孤單脆弱的小女孩，表現出來的，總是堅強、無畏分離、勇氣與灑脫。以為這樣才能保護我的脆弱，殊不知，那是極深的自我壓抑，直到關鍵的事件引發信念的能量，透過恐慌的發作，安排了一場與自己深藏信念相遇的橋段。

多年來，一直有個憂傷的自己躲在心的角落，顯化在實相上的是不斷對焦在「我是孤單的」劇情上，而且「沒有人了解我」、「人終歸孤單走完全程」，以及最不可思議的：「悲劇是一種浪漫結局！」

覺察潛意識裡的祕密，其實有不同的層次。從最表層的欲望，到第二層的信念，接下來牽涉轉世的經驗，都是影響一個人做選擇、創造實相的因素。覺察，真不是容易的事，當你以為找到原因了，卻又在意識逐漸擴展提升後，覺知能力將引領你發現更深層、更多影響此生的原因……二十歲之前常常夢見戰爭逃難，我相信，這是轉世經驗的記憶，當然也會強化此生害怕孤單的感受。然而，學習賽斯心法、探索生命奧祕之後，我更確定的是，每個來到地球實習的人類，都是離開母體「一切萬有」的懷抱而來。分離與獨立是免不了的人生過程，但主觀感受上，卻是一種極深的焦慮痛苦來源。分離和孤單為一體兩面，深層的意義，是人類共同面對那最初始來到地球投生所產生分離過程的痛苦，但在明白這個之前，我們一定是先經歷此生難忘的經驗，才能一步步往內心深處探索真正的原因。

人人都是催眠師

「不論什麼時候，當你自己全神貫注，你就同時是催眠師和被催眠的對象！」賽斯如是說。

第二次半夜恐慌發作後醒來，天光漸亮，我決定騎車出去逛逛，殘留的驚慌碎片，就讓清晨涼爽的微風漸漸吹落，心逐漸甦醒，感覺自己再次重生。我思考這恐懼從何而來，看見自己非常悲觀的另一面：年輕時候嚮往的愛情都是悲劇，覺得悲劇使人性偉大，這種念頭常常不經意地，在我最興致盎然、朝氣蓬勃的同時，就會伺機竄動，心底總有個聲音：「我不能太開心，以免樂極生悲，再親密的關係，終究有一天會分離……」而童年的夢境，被自我催眠無限擴大，配合對焦的分離事件，漣漪般地漫開在人生經驗的選擇上，形成我中年之後恐慌發作的真正原因。

這樣的分離恐懼焦慮，發現還來自更深的轉世經驗。催眠的效果，在時間同時存在的效應上，一再強化了深刻的分離感受，直到開始意識

到身受其苦。既然這一場人生經驗的發生，是注意焦點產生的自我催眠效果，那麼，當然能夠藉由當下覺察、轉移焦點、發揮創造力，來中止這綿綿無期的分離焦慮感！

實相一直都是信念創造出來的「幻相」，你催眠神經系統和身體細胞，它們按照你的期待來反應，而有意識的信念，主宰了一生中每個大小事件。你希望生活中出現的安全感，是否都跟著你的期待而發生？每個人生階段都有不同的需求，你是否跟著生命變化而調整心態？

自我催眠植入新信念

「每一個人在自己的生活裡都會找到慣性的思想模式。那個模式是被因之而來的行為所支持——制約的行為，藉由那個模式你又繼續加強負面的看法，專注其上而排除了與之矛盾的資料，因而透過自然的催眠把它們帶入經驗中。」（《個人實相的本質》）

有覺知的發現信念模式，再透過自我催眠，對焦在建設性的新信念，翻轉早已不適用的舊信念，人生永遠可以在當下這一刻醒過來，然後運用創造力，去重新建立新的想法、新的感受。

這是一個重要的心法，也是改變命運的關鍵。但是要如何採取行動？特別在自我頑強固執的堅守之下？

於是第二次恐慌的夜裡，我如實去經驗它、感受它，醒來的清晨，繼續深入那個不舒服的感受，那被催眠深藏的信念慢慢浮出，終於撥雲見日，將它抓個正著。然後，有意識的轉移焦點，搜尋我是被愛、被家人好友圍繞的畫面，接著強化賽斯的教導：「死亡只是存在轉化形式，分離只是物質世界的假象……」至此，我內心的感受開始改變。

透過冥想，在輕度催眠的狀態下建立新信念，是有效的方法，有如趁虛而入、偷渡新信念，好扎根在意識心中。賽斯在《個人實相的本質》提到自我催眠的方法：

1. 一天最多用五到十分鐘自然的催眠法，作為接受想要的新信念的方法。（不需要超過十分鐘，時間太長反而會分心。）
2. 在練習時間裡，盡量生動的把注意力集中在那句話上，一再重複它，同時把心念灌注其上，試著以任何可能的方式去感覺這句話，不要讓妄念進來，但如果你的心堅持要跑來跑去，那就把新的意象導向與你的聲明同一條線上。

3. 口唸或心想很重要，因為它啟動了生物性的模式，並且反映了那個模式。

4. 不要用力，專心只做這一個練習。

5. 在練習期間切記，你是把現在當作威力之點去看入新的信念，並且堅信這些一定會被具體化。

6. 做完練習不要再去想它，你已經用到了一種濃縮式的自然催眠法。

7. 對你的用字，假如感覺對了就用它，覺得不確定，就換一種說法。

練習期間，你的注意力應該是完全放鬆的，這需要時間，持續的練習！必須給內在管道一個新模式，去留意你對新模式的感覺，那可以作為你的指標。

同樣的事若反覆出現，而且帶來極大的煩惱，代表你的信念需要調整了！

第5個練習

自我催眠

在冥想中，隨著你的意識進入不同深度的解離狀態，你的自我將會退位，交由內我主導，這個時刻，最容易動搖由自我意識所建立起來的信念，那是對焦在物質世界、父母師長等等影響催眠你所形成的。

可以在準備進入這個練習之前，先將你已覺察到而且很想改變的信念寫下來，例如：

我天生體質不好容易生病——我的身體很健康，每一個細胞都充滿活力。

我是個沒有耐心的人，做事常常出錯——我會有耐心且細心的完成手中的事，這是我的潛力，我會做得很好。

我從不相信我夠好，我不值得被愛——無論我的表現如何，我都值得被愛。

躺下來，或者舒服的坐著，開始調整呼吸，從頭到腳，有意識的感覺身體漸漸放鬆，進一步的，全身鬆軟無法挪動，這時，你會感覺輕飄飄的，意識在游離的狀態，半睡半醒似的。

此時對焦在你想改變的信念上，想像舊信念隨風而逝，替代的新信念取而代之，此刻，伴隨畫面的出現，順著內在引導，讓替代的象徵性畫面於內在心象中逐漸擴大，越來越清晰，接著進入這畫面，彷彿已經發生。

帶入你的情緒感受，真真實實地經驗新信念的效力！

就像自我催眠，將新信念植入意識心，感覺內我給予加持，讓新信念逐漸像大樹一樣向下扎根，扎穩在意識心中。

最後，肯定語意，重述你的新信念。

有時，你並不清楚舊信念是什麼，可以祈請內我給你訊息，指引你作調整，也許，你會看見象徵性的畫面，用直覺去理解。

當你信任內我的指引，相信你已經更新，當你結束冥想之後，實相就會改變了。

Chapter 6

連接生命的源頭

每人所需的睡眠量不同，永遠也沒有藥物能讓人完全不用睡眠。其實人有太多工作都是在睡眠狀態裡完成的。不過，在兩段較短的睡眠之中比起在一次睡眠中，能做得更有效率。

人為什麼會失眠

從小我就不是貪睡的人，這應該屬於個人特質，而不是努力積極向上的那種原因。很有趣的，我很少需要鬧鐘叫醒，總會在設定的時間自行醒過來。有時，為了安心，也會轉上鬧鐘，但經常都在鬧鐘響前早幾分鐘醒來。

孩提時代，只要第二天有什麼特別活動，前一晚就會睡不著，成人之後也如此。那是一種關注，也是一種暗示，相信這是許多人的經驗。孩子期待第二天的旅行，會興奮地睡不著，第二天都不用別人叫，自動就會醒來，完全不同於平日。通常早晨都是家長痛苦的時間，因為孩子賴床不想去上學，甚至熟睡到叫不醒；而成人之後，多半都是因為掛心的事而睡不好，彷彿害怕一覺醒來，事情會變得更糟。

這種情緒的延續，常常會影響意識的變化，也就是自我意識並沒有真正進入睡眠期。興奮也好，擔憂也好，情緒控制了意識焦點的轉變，一直維持在清醒狀態，直到真的很疲倦，自我意識習慣仍緊抓煩惱不放，所以常在醒睡邊緣掙扎，一種半夢半醒的感覺，很難進入熟睡區，偶發情況還好，若是經常如此，就會形成失眠，造成身體問題。至於，孩提時候熟睡叫不醒，其實很正常，因為孩子的意識通常還很熟悉深層睡眠，意識會透過做夢來學習，而且可以在不同的夢境穿梭，比起醒時必須上學、做許多無趣的事，相較之下，意識感覺相當自由，當然不想起床。

常掛在嘴上的失眠，並不是你完全沒睡著，多半是睡不好，意識跨騎在醒睡之間，自我意識強行將注意焦點集中在白日掛心的事情，導致意識很難進入，或者很快就離開熟睡區。一般長期失眠的人，精神都很差，原因是意識沒有得到真正放鬆與自由，無法補充能量。

意識需要透過睡眠來轉變注意方向，準備從醒時實相滑入夢實相，進行許多重要的活動。假如一個人常因情緒而障礙意識的轉動，意識無法放鬆安心的暫時離開，便會身心俱疲。許多人都有這個經驗，即便躺下想要睡覺，自我仍在轉著許多煩憂事，造成身體無法放鬆，影響睡眠品質，連帶影響白天的精神，同時也因與夢境失聯，造成整個身心靈的失衡，最後必須靠安眠藥來助眠。長期服用安眠藥的人，多數比較神經質，在精神耗弱和焦慮不安的情緒影響之下，夜晚會過得比白日辛苦。

賽斯的睡眠建議

「如果在睡前給自己適當的提示——保證身體完全恢復的建議，兩段三小時的睡眠對大多數人來說應該是足夠了。在許多情形裡，十小時的睡眠實際上反而是不利的，會造成心與身兩者的呆滯。在這情形下，靈魂離開身體太過久，結果造成肌肉的失卻彈性。……你已訓練你的意識去遵循某些對它而言不一定是自然的模式，這些模式增強了醒時自己與睡時自己之間的陌生感。你到某程度以『暗示』迷倒了身體，使它相信它必須一次睡足多少個小時。其他動物則累了就睡，而以自然得多的方式醒過來。」—（《靈魂永生》）

曾經試過一次安眠藥，是同事給的，要我試試。他長期服用，不吃根本無法入睡。好奇心使然，加上我當時有些小小的煩惱睡不好，誰知才吃四分之一顆，就熟睡到沒有知覺。整整四個小時，完全沒有做夢的感覺，非常的不自然。平日，我是喜歡做夢、留意夢境的，也就是在熟睡的狀態，依然可以隱約感知意識在不同層面的活動。

睡眠是生理自然的機制，不但要讓身體休息，釋放白日累積大量的負能量，更重要的是，意識需要透過睡眠，來進行讓肉體能夠在醒時繼續活動的重要準備。有點像是充電，而充電的方式和進行的活動，絕對不是醒時的大腦心智能夠追蹤與明白的範圍，各種創見都在熟睡中的夢境進行。

除了不用鬧鐘以外，還有個有趣現象，我一般都是十二點前就寢，但幾乎在清晨三點左右會完全清醒。而且多半是從夢中悠悠醒來，發現自己躺在床上，但夢中情景依稀記得。重要的夢，我都會在腦中回想一下，甚至有些夢當下就能明白其中寓意，然後再繼續睡。直到太陽升起時，我也就醒過來了，平均睡眠大約六個小時。

後來在啟動內在感官的課程裡詢問大家，多數學員也幾乎會在半夜醒來一到兩次，只是清醒程度不同。這不是失眠，而是睡眠自然的週期。我還常常提醒大家，若想記夢，或是練習覺察意識變化的過程，就要留意兩個時段，很有幫助：

1. 將睡未睡時：當你躺在床上，快要睡著的瞬間，那是醒時意識即將滑入夢實相的初期階段。你的意識即將失焦，但依舊聽得到身邊的人和你說話，卻無法清楚回答。想到孩子小時候，我都要說故事哄他們睡覺，常常他們聽得起勁時，我卻已經昏昏欲睡。於是，從三隻小豬講到小紅帽，直到孩子搖著我說：「媽媽，你在亂說什麼啊？」才又突然清醒。這時你的意識是處在肉體感官還在運作，但掌管注意方向的自我意識卻已經慢慢滑入淺眠區，甚至你已經很快速地做了一個小小的夢，這也證明意識脫離自我之後的特質，不受時間和空間的限制。

2. 將醒未醒時：這時刻，你必須起床了，但是，你要留意快要醒來的片刻，有點像前述情況。你會有種迷惑的瞬間，「我究竟在哪裡？我是誰？」剛剛夢中的感覺，依稀還停留心上。不要忙著起床，先躺著校準意識，回想剛才的夢境，然後再穿上這個世界的角色衣服。感覺自己是第一次來到這個世界似的，帶著新鮮的心情，下床開始這一天。這是個很重要也很有意義的儀式，你會逐漸感知到，這世界其實也只是眾多世界的其中一個，你剛剛在夢境中，已經遊歷了不知多少個世界，穿脫多少件不同角色的戲服，而且這個初醒的時刻，能感知每一天都是人生新開始、你是今天才剛從夢中創造出來的新鮮人。

睡眠的週期

分段睡眠是人類睡眠的一種自然韻律，為的是要讓意識更有彈性，而且也是睡眠不同階段的自然過程。假如一個人常常睡不好，就會影響這種分段睡眠的自然機制，這情形在賽斯資料裡分析得很細膩，覺得自己沒睡好和真正無法入睡是不一樣的。前者，多少是受了傳統健康觀念對睡眠的建議，成人要睡足八小時，否則容易罹患心血管疾病。然而基於這些觀念和執著，焦點一直放在睡眠時間長短和熟睡與否，反倒成了睡不好的原因；有些人則已嚴重到無法入睡，勢必引發許多身心疾病，必須就醫。

我參考神經科學領域的資料，看到十幾年來的發展研究，已讓大眾了解，睡覺不只是讓身體腦袋暫時關機而已，它可說是生命週期中極重要的行為。這部分和賽斯提及睡眠中意識的幾個階段，有吻合之處。

這類科學研究，仍然受限於科學儀器的觀察。賽斯提過，就算是腦波探測器所顯示的腦波變化波型，也只能看見意識進出瞬間的那個點所呈現出來的一種模式。在睡眠模式裡發生的，和正常意識鄰接的意識狀態，都無法被偵測。而熟睡時靈魂出體本身，更無法用任何方式偵查到。

許多年前，我曾經和幾位朋友，購買了腦波探測器，想觀測一個人在靜心時腦波的變化，試圖找到一個轉變點，再由這個轉變點來作為靜坐意識層次變化的具體參考，目的是想藉著數據觀察意識變化的過程。當你靜心到某個狀態，腦波就會從緊張混亂的β波進入放鬆的α波；再繼續深度放鬆，腦波就會呈現θ波，直到熟睡時出現的δ波。我們將貼片貼在受測者的前額，另一端則是接在電腦。

的確，螢幕上很快會出現腦波的變化，甚至還可測出左右腦是否同

步的狀態。現在想來，當年因為好奇，花錢買這種昂貴的玩具，內心多麼渴望了解在賽斯資料裡提及的意識變化，後來這些玩具全送給有興趣的朋友。我逐漸明白，意識變化的深度，早超越儀器所能探測的範圍。那意識轉變的過程，非自己親自體驗不可，而且想要探測和睡眠有關的意識階段，總不能只是觀察別人放鬆睡覺的情形吧！

所以，我一邊開始去實驗保持清醒做夢的方法，同時也很勤奮的記夢，那一段時間，每天都期待上床睡覺的一刻。當諸事皆辦，終能安心地睡覺進入夢鄉，竟然有一種回家的心情，回到一切萬有的懷抱——那是靈魂的家鄉，是可以擴充學習十八般武藝的心靈學校。這種非常奇妙的感覺，幾乎每晚伴著我入睡。

好幾年認真的記夢，逐漸累積了一些關於睡眠和做夢過程的體會，甚至也可以在夢中醒過來，當下直接汲取夢境的象徵意義，這是一個很重要的能力。假如你對夢境好奇，想要有覺知的汲取夢境提供的預知、創造和學習，那麼熟悉意識變化和清醒做夢是重要的。

賽斯書中提到，關於睡眠，有幾個非常明確的階段，代表了不同層面的意識、領悟和活動，有些伴隨身體上的變化，有些變化則和年齡無關。伴隨著這些意識不同的階段，會產生微細的化學與電磁改變，而肉體本身也有在賀爾蒙製造與松果腺活動上的實質改變。換句話說，這些身體的變化，就是透過睡眠而產生的效果，對健康非常重要。

通常你由清醒狀態滑入睡眠，會經過幾個不同的意識階段，只是你並未覺察，不過，經過靜心練習，通常可以輕觸意識轉變的情形，它能帶給你驚奇。同時，我發現這轉變過程所產生的微妙感受，會漸漸內化成改變實相的開關。

進入睡眠的幾個階段

人的睡眠進程是從清醒期，慢慢地到思睡期，然後進入睡眠。從科學角度看睡眠，主要可以區分成兩期：一個是快速動眼期，一個是非快速動眼期。非快速動眼期又分成三期，包括N1、N2及N3，一般來說，N1和N2合稱淺層睡眠期，N3是深層睡眠期。這個研究和賽斯提到進入睡眠的五個階段，有相似之處：

第一階段：帶著不同程度的自發性，意識向內轉移開物質，離開當時的憂慮與關注，是身心調整放鬆的自然機制。

（當人體在清醒的時候，腦波的狀態會處於高頻率、低波幅的β波。開始進入思睡期，腦波的狀態會降到每秒八至十二次的α波，這時候身體會處於放鬆狀態，透過緩慢有韻律的呼吸達到放鬆，放鬆時，意識就容易轉移注意力到了N1期，腦波狀態會開始下降到每秒四至八次的θ波，這時心跳和呼吸都會逐漸緩和下來，肌肉也會更放鬆。通常維持十至二十五分鐘之後，就會進入下一階段。）

第二階段：你慢慢變成一個被動卻開放的收受者，這時，你容易接

收到心電感應和千里眼的信息。

（進入Ｎ２階段的時候，腦波會以θ為主，但是會夾雜著Ｋ複合波（K-complex wave），這時肌肉會減少活動，對外界發生的事幾乎完全無法意識，這個階段占總睡眠時間約40～50%。）

第三階段：意識感覺在漂浮，身體感受，時而脹大，時而下墜，這都是某些片刻的特徵，幾乎你都可以清楚的感知到，這段時間只能維持幾分鐘到半小時，可以重複，這是意識一個緩衝、有支持作用與擴展的階段。在這階段，給予暗示，會非常有用。

（經過Ｎ２期之後，接著就是深沉睡眠的Ｎ３期，可以觀察到大腦腦波會下降到每秒0.5～2次的δ波，在這個時期很難被叫醒，就算勉強叫醒，還是會出現一陣昏沉呆滯；此時全身的肌肉會完全放鬆，血壓、脈搏和呼吸也會降到最低，是睡眠深度最深的階段。特別的是，多數的夜驚、說夢話、夢遊，也都發生在這個時期。）

第四階段：做假夢的活躍狀態，在假夢裡，心智本身忙著處裡那些經過前兩個階段仍緊抓不放的世間關注，這是一個鮮活熱烈卻很短的階段，如果這些夢過於劇烈，這個人可能會醒來。

第五階段：不分明的層面，當意識更堅定地對準其他層次的通訊，這次很明確的會有聲音、談話，或形象出現，這好幾種現象在爭取這個人的注意。這個階段，身體相當安靜，人會跟著這種內在刺激之一進入意識更深層面，而把接收到的訊息形成一些淺夢。

在這階段某一刻，他會進入一個「深深被保護的睡眠區域」，這裡，是到其他層面實相或可能性的門檻處。這一點，他的經驗將超出一般人所知的範疇，雖然只有幾分鐘過去，他卻經歷好幾年。然後他會回向人間，到一個科學家稱為REM（Rapid Eye Movement，指眼球快速轉動，大做其夢的階段）睡眠地帶。他用所獲得的知識，在那兒創造出人世取向的夢。

（N3期結束後，會先進入N2期，然後再進入快速動眼期。在快速動眼期，腦波會變得很快速，甚至比清醒時還要強烈。這時身體肌肉最放鬆，甚至幾近癱瘓，心跳、血壓跟呼吸頻率都會上升。快速動眼期也是人最容易做夢的時候，一般認為做夢是大腦重新整理白天資訊，轉化成長期記憶，並且增加神經連結來加強學習的結果。多數產生中風或是心肌梗塞的病人，都在這個時間發病。）

這五個階段會一直重複下去，即使在你醒時，也幾乎有同樣的波動和階段發生，你對它們甚至更不知不覺，因為那時自我十分有意的去遮蓋住這些其他經驗的區域。

睡眠的進行通常是從N1、N2開始，進行到N3之後會先進入N2期，然後再進入快速動眼期，如此為一個睡眠循環或睡眠週期。通常完成一個睡眠週期的時間大約是九十分鐘，一個晚上約莫會有四～六次的睡眠循環。但是這樣的睡眠週期並非固定不變，一般來說，上半夜的時候，會依照這樣的睡眠週期，但是到了下半夜，N3的時間會縮短，快速動眼期的時間會增加。這是一般正常人的睡眠狀態，隨著年齡的增加，或是一些其他因素，包括藥物、壓力、飲食等，都會影響睡眠週期。

一般來說，晚上十點多，體內的褪黑激素會開始增加，這時候人體會開始變得想睡覺，到了凌晨二、三點達到最高峰，然後慢慢下降，早上六、七點就會自然醒來。而在褪黑激素作用的時候，腦部會分泌多巴胺（Dopamin）以及腦血清素（Serotonin），能讓身體感到更舒暢、精神飽滿。

睡眠的保護區

賽斯對睡眠階段的描述，基本上和科學研究的資料相仿，卻能進一

步指出科學無法證實意識之廣大次元的部分，而這就必須依靠感覺、感受或直覺地感知你自己經驗的深度，才能對一切萬有的本質略見一斑，特別是在睡眠保護區。這裡，就是深沉睡眠的區域，是恢復活力、接收說法者訊息和接受教導的區域，是處理純感性和知性的經驗。而這些資料，因為送回自我的過程，被不同的意識層面所詮釋，將之轉換成對著潛意識、身體意識有意義的夢境。

正因如此，對夢境的詮釋有了很大的討論空間，通常自我意識能夠記得的夢境或片段，幾乎都是已轉譯過、再創造的夢。它最貼近睡眠時的第二、三階段，這經過層層轉譯的訊息，藉由一個象徵轉成了許多象徵。例如：夢見大火，在某一層代表著重生，在另一層可能反映你正在面對一項革新的事件或經驗。意識心只能感知到夢境的玄妙，卻無法真正追蹤其他層面的夢境，而無意識和潛意識的區域，對這些資料是比自我要覺察得多。

睡眠提供一個意識可以伸展的平台，透過不同的意識階段，形成不同層次的夢境，也是維持醒時肉體健康、創造力和穩定性的支持基礎。

所以，好好睡覺有多麼重要啊！

意識的各種階段，都是你自己實相的一部分，並不是睡著了才會出現這些階段，在醒時也幾乎有同樣化學的、電磁的與賀爾蒙的波動。睡著時，你無法覺察這些階段；醒時，意念紛飛，更無法覺察到意識在做什麼。然而，我們的潛意識卻永遠覺察著。

睡眠並不是空白的，它是啟動意識連接其他實相的入口，你不會因此而沒睡好，反倒可以進入深層睡眠療癒疾病，得到活力、創造力，和接收對你有用的資訊。

一個療癒性的夢

二〇一四年九月入秋後，我沒有太留意自己的咳嗽，這幾年的經驗，很少咳了，就算咳嗽大概也只會持續個幾天，都是在反映季節的變化，只要少講話多休息，加上吃點潤喉或止咳藥水就會好了。可是這次，從微咳到狂咳，已經影響我的作息。講課時，至多一個小時，喉嚨就開始不舒服，然後，總要咳個一會兒才能繼續說話。結果這一次，持續了整整五個月，喝了十瓶咳嗽藥水，隨時含著潤喉丸，事情又多，無法不說話，挺辛苦的。直到二〇一五年一月二十八日清晨，我做了一個療癒夢。

一位大學男同學來找我一起去吃晚飯，先是經過一家看起來不錯的餐館，但從玻璃窗望進去，都是塑膠桌椅，我不喜歡，於是繼續找。後來進入一家日式風格的小店，進門處只有一張四方木桌，桌後方是榻榻米架高的工作檯，有一位中年男人坐在右邊靠牆處烹煮食物，低著頭，看不見臉，而進門處靠右牆也有一小塊榻榻米，上面有個小架子，放著玻璃試管。這時，女主人從榻榻米走下來，手上捧著一個比碗小一點的陶杯，走到右側榻榻米上拿來一個試管容器，然後用很小的一支湯匙舀

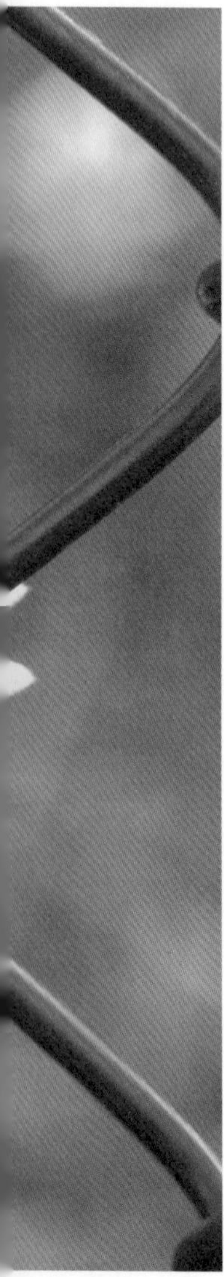

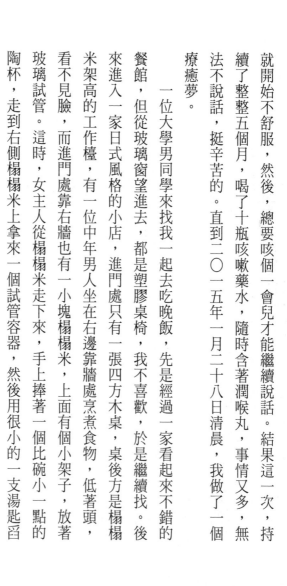

了一點什麼，倒入手中的陶碗，動作很慢、很輕柔、很專注地輕輕晃著。

此時，我看見同學面前擺著一個盤，上面整整齊齊放了四個壽司，而他的對面還坐著另一個不認識的男人。這同時，我先去和主人的小兒子玩了一下，還把他舉得高高的，接著，好奇的我，仍不忘立即去看試管中到底放著什麼，白色細沙，好像鹽巴。我問女主人，為什麼不直接倒比較快啊？湯匙那麼小挺費事的。但那女人說，不行。

當下，夢中的自己很有意識的覺察到自己的急性子，瞬間愣了一下（此刻，意識同時覺知夢中的情景，也清楚感知醒時自己的個性）。

接著（意識繼續對焦在夢境），我走到她的身邊，望著她手上捧著的杯子，杯裡竟然是金色和銀色的光，隨著輕晃，像液體一樣的緩緩流動。

這一幕太令人難忘了。就在將醒未醒時，腦海同時出現：生活要慢慢來（此時，金城武的招牌台詞「世界越快心則慢」出現了），接著，一句句提醒悠悠的從心底響起：慢慢吃、慢慢喝，步調要放慢，養生之道在晚上十一點要睡覺，心要放慢，咳嗽無藥醫治，醫心而已。慢慢來，不慌不急不亂。

好清楚的一句句話出現在心識中，下了床，先去盥洗，才寫下來，真是令人深刻的一個夢，尤其是那在杯中晃動著的光流。（唉，來不及喝下去就醒了。）記下之後，隨手看了一下FB，第一則動態竟然是一位朋友記夢的內容，第二則是學員記下賽斯書《個人實相的本質》中一段有關夢的陳述，真是精心安排的巧合呀！

這個夢讓我清清楚楚的覺察到，我的個性真的很急，夢中的夫婦和同學都很穩很慢，只有我很急。事後，我完全明白這夢在提醒我什麼，可是更令人驚喜的是，這一天，我發現我不咳了。

起初，我還暗自觀察是否只是暫時的現象，但是那天去辦公室，一整天下來都沒有咳嗽，只有一點喉嚨的乾癢。接著一天、兩天，一直到現在，已是完全的好了，身邊的人都覺得不可思議！

這個療癒性的夢，它不但提供一杯象徵性的藥帖，同時也在整頓我急躁的個性，而且，更重要的意義，是我生命的軌跡來到轉彎的時候了。

我是受不了自己的舊習性了。狂咳的意義代表著舊習性造成的心靈廢料累積太多，亟欲衝出釋放，下了決心要面對，所以潛意識的大門敞開，終於爆出深藏的舊廢料，如實面對、如實臣服、如實接納。

記夢的要訣與練習

倘若要我把每個有意義的夢寫下來，那不知要占多少篇幅！它幾乎和醒時生活一樣的豐富精彩，甚至更多。魯柏和約瑟記夢、探索夢、印證夢的記錄，多少也回應了我有意識的做夢實驗。我相信，的確像魯柏所說，往往只有當我們閉上眼睛時，才開始看見！那時所有的屏障都打開了，特別在每天早晨剛醒過來的時候，多少都能意識到醒時生活是那麼多的框架，以及彷彿無法移動的固執信念，只待進入夢鄉，才有機會一一鬆動。

在我自己的經驗裡，的確是有些方法能夠達到在夢裡醒過來，並在不同層面的做夢階段保持某種程度的警醒。首先，你要養成記錄夢的習慣：

1. 在床邊放本筆記本或錄音設備。
2. 每天早上醒來還沒有下床之前，先回想一下你做夢的內容，盡可能的把某個印象深刻的影像、句子、感覺寫下來，哪怕只是片段或一兩個字。
3. 特別留意夢境裡的顏色、地點、人物、背景、時間和感覺。
4. 直覺的、順其自然的寫下你對這個夢境的想法或領悟。
5. 記下後，就放下它。
6. 等一段時間，把夢的筆記拿出來對照一下，可能會發現，夢中的情景已出現在生活裡，有時遇上了，你隱約有印象，好像發生過，但你不記得是在什麼地方、什麼時候發生的。這就是對照印證的好機會。

第6個
練習

好好睡覺做夢

夢，是最接近宇宙源頭的地方，每天上床準備睡覺，就是準備要回到宇宙母親懷抱的時刻。

對於睡眠、做夢的建設性觀念，將有助於睡眠的品質，順著身體的節奏是重要的。身體自然會送出想要睡覺的訊息，這時，最好將注意力調整就緒，準備就寢。

換上輕鬆的睡衣，躺在床上，雙腳微微張開與肩同寬，雙手放置身體兩側，不要側睡，不要將手放在身上，頭下放置一個小枕頭。

輕鬆的呼吸，並同時觀想身體每個部位正一點一點的放鬆。

伴隨自我催眠，給自己下達指令：我可以睡一個好覺、我可以得到很好的身體治療、我會在夢中得到啟發、我可以在夢境全然放鬆、自然飛翔……依你需要，在這個時間做一小段自我催眠的暗示語。

想像你整個身體漸漸下沉，伴隨意念的指引，想像自己正經過一道門、又一道門。象徵你正經過睡眠不同的階段，也是進入不同層次的意識狀態。

也許你很快就會睡著，順其自然的經過這歷程，即便你不記得不同階段意識的感覺，至少可以很放鬆的入睡。

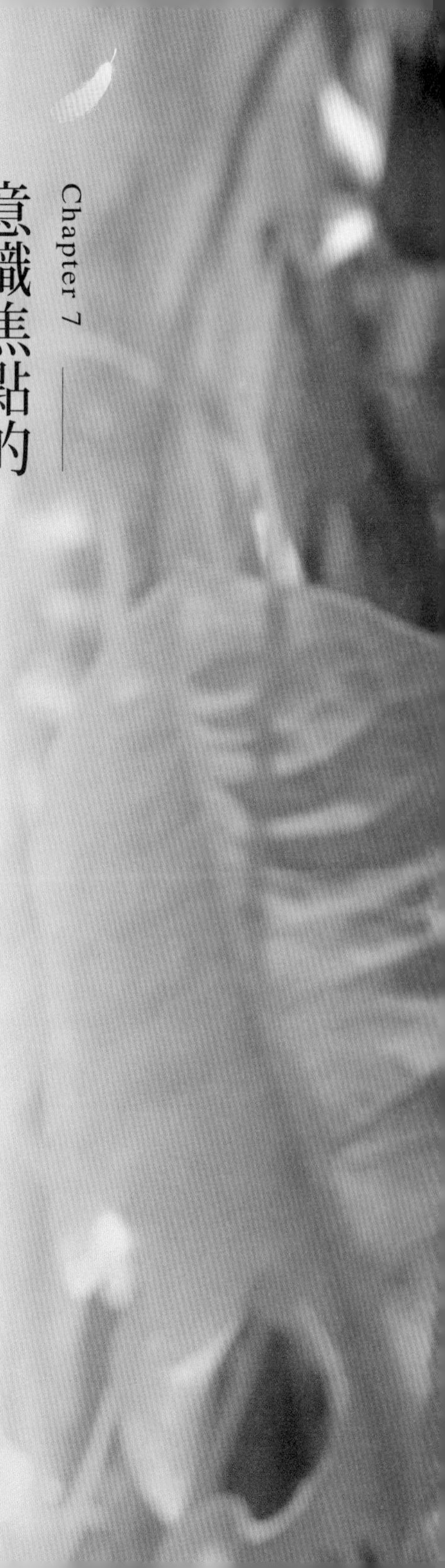

Chapter 7

意識焦點的轉變

從宇宙洪荒甦醒的那一瞬間，意識早已萌芽，宇宙的大爆炸，就是意識的爆炸，是意識擴展的一個勝利，意識終於學會將自己轉譯成實質形式。

當你仰望蒼穹，無數多閃耀的星星，就是無數的意識在閃耀，正在向仰望星空的你宣告：你的每一個意念都有意識，當意念形成，就同時啟動如男靈般的攻擊性而開始向外衝刺，形成實相。

意識的誕生

入秋之後的天空，有一種特別清朗的感覺。秋老虎在白日發威，但入夜後的空氣卻帶著一股涼意，天空特別像掃淨般的清亮。這景象彷彿在預告，經過春夏的熱鬧，現在該是安靜下來、安頓身心的時刻。

記得有一年秋天，在花蓮賽斯村，入夜後一個人在花園散步，夜空的星星閃亮動人，抬頭凝望，不知不覺整個人沉入浩瀚的夜空裡。突然一種奇怪的感覺襲上心頭，從深不可測的遠方，好似有人用擴音機，對著我說話一樣，聲音悠悠渺渺，似遠又近，我愣了一下，再次凝神，集中注意焦點等待，結果並沒有下文。不過始終感覺到整個夜空並不寧靜，奇異的心頭波動，一直震盪著。

第二天回到家，晚上入睡前，我習慣在書桌前靜心一會兒，有時會拿出紙筆，順著感覺寫些心情。這時，右手開始寫下昨天在夜空下的感覺，好像自動接軌似的，很流暢的從筆尖一句句冒出：「宇宙的大爆炸，就是意識的爆炸，那無限多的星星就是不斷在誕生中的意識……」

心象中，我的意識同時遨遊在廣大無垠的天際，數不清的意識星星，正閃爍著光芒，而我正身處其中一同閃爍著。

那麼，至大如宇宙，至小如每一個肉眼無法看見的粒子，其中都有意識。它們的誕生，都是由意識轉化而成，在還沒有形成物質之前，是先以精神性的存在原型，等待強烈的情感驅動，而推進到物質實相，開始進行它們的生命過程。這最原初的意識，賽斯稱之為「意識單位（unites of consciousness）」。

這是一次印象深刻的內在經驗，越過語言文字，透過一種當下的心領神會，擴展了我對意識的一種直接經驗。雖然頭腦明白賽斯指稱的意識單位，但是這種心領神會的當下知曉，彷彿可以和眼中所見的事事物物深刻交流，特別是繁星點點的夜空，一種彼此無別的親密感油然而生。因為，我們都來自同一個源頭：意識單位。

我突然覺得，自己可以像宇宙一樣的廣大，而整個宇宙卻又濃縮成我這個人。

什麼是意識單位

在《啟動內在感官的12堂課》第二輯「健康．活力」裡，我引導學員想像每一個細胞都如螢火蟲般的閃閃發光。事實上，當我自己在觀想時，那細胞可以是更微小的粒子，是肉眼已經看不見的意識單位正在閃閃發光。於是，主觀的意識會進一步的感知到：肉體其實並不堅固，是可以拆解成無數多的意識單位，是一個由意識單位能量聚合而成的物質化存在，它的每一個細胞，組成每一個器官，器官再組合成整個肉身。接著會進一步感知到，意識單位彼此之間愛的互助合作、創造力和無限變化的特質。當組合改變，就會形成不同的結果。

例如病變的器官、痠痛的肌肉，是由於情感與思想的專注方向，因而改變意識單位之間的組合結構，所以，要形成充沛活力的肺臟、強而有力的心臟和充滿彈性的關節，那指揮意識單位變化組合的依舊是「你有意識的情感與思想」。

閃閃發光的意識單位，代表著充滿著喜悅和健康的能量。透過冥

想，意識專注對焦在想像力，想像身體越來越健康，想像自己正奔跑在草原、高山上，活力充沛。這是非常微細的觀想練習，藉由進入心理時間，讓意識慣常對焦在病痛的注意力，轉而對健康活力的關注，讓習慣的思想透過引導而轉變焦點，替換正向且健康的心態。

曾經有學員打算在下課後準備去看牙醫，但在練習過程中，他想像並進入感覺：疼痛的牙齒有光點正在閃閃發光。直到結束後，很神奇的，牙齒不痛了。於是他取消看診，而且持續很久的時間，牙齒都沒有痛過。

這種練習，特別對於疼痛很有效果。會頭痛的人很多，包括我自己，因為現代人理性思維運用過度，矛盾衝突的思想常常是造成頭痛的原因；透過心理時間，許多學員的經驗分享，都表示在這個練習之後，頭痛很快會消失。賽斯也舉過例子，頭痛時，特意將焦點轉移忽略它，同時練習將焦點對準在身體健康的部位，透過小小的身體不適來做練習，熟悉意識轉換的參考點，就能累積經驗。

賽斯資料中，對這初始意識單位的解釋非常豐富。它先於所有一切而存在，每一小點的物質都有它，從意識單位進而形成各類意識的功能，如自我意識、意識心、潛意識、無意識，雖然它們之間並無真正的分隔，並且是不斷互相交流、彼此影響，但在說法上，各自有不同的作用。

意識先存在，然後進化成形體，再由其中開始顯示它自己。

意識也是靈魂的一種屬性，一個能被轉向許多方向的工具。你不是你的意識，它是某種屬於你和你靈魂的東西，你正在學著使用它，依照你對意識各個層面的了解與利用到什麼程度，才能學會了解你自己的實相，而你才會變得真正有意識。難怪賽斯要說，除了意識的能力以外，他沒有什麼要說的。

這是一個心理經驗、意念、想像和夢效應所產生的物質世界。自我意識往往只對效果起反應；這種互動模式，就像拍照。

我喜歡拍照，又特別喜歡追著光影的變化。透過光影的反照，彷彿是大自然提醒我們的方式。光影很美卻不真實，總隨著光源的移動而變化，就像自我意識總是追著實相發生的結果起反應。其實這樣的反照現象，是彼此不斷互相影響轉化的，反影才能表達光源的存在，光源透過反影延伸了它自己。

賽斯的話，讓我更清楚知道，了解意識的功能和意識不同階段的效果，是發展神通能力的基礎，而神通能力，是為了引導我們了解生命本質的廣闊和神奇，這個宇宙絕對不是只有物質實相一種層面！所以，留意自我看待實相的心態，細心覺察心理經驗、意念的流向，相當重要。

以下我將意識單位的特質做一整理，幫助大家對形成萬事萬物的基本能量有更清楚的概念。

意識單位的特質

1. 有覺性的能量。（所有物質、非物質的存在都有覺性，所以，它們都有在自己之內認識自己的能力。萬物都是靈，每個生命都有自覺覺他的能力，而人類的意識發展，可以覺察至極細微、極廣闊的範圍。）

2. 是其他種類意識的源頭。（人類從這基礎發展出自我意識、意識心、內我意識。）

3. 其活動種類是無窮無盡的。（創造的本質，能有無窮無盡的活動，形成在物質世界以及其他實相的模式。）

4. 可以和其他同類合在一起形成意識單位群。（如原子與分子組合在一起，形成不同的物質。）

5. 不可預測性，容許無窮盡的模式與成就。（沒有固定不變的永恆存在，生命一旦成形，就同時開始尋求不同的表達方式。）

6. 是物質宇宙及其他宇宙裡，每件東西之後那賦予生命力量的源

頭。（既是來自同一源頭，所以各宇宙或者說系統之間，一直進行著看不見的意識交流。所以魯柏可以遇見賽斯，許多通靈人可以接收來自不同實相的訊息，甚至聯繫過去與未來的人。）

7. 能以不同的樣子同時出現在所有地方。（不受時空限制和形體拘束。）

8. 移動得比光速還快。當它速度變慢時，便形成物質。（看得見和看不見的存在狀態，是與粒子振動速度的快慢有關。）

9. 一個原子裡有好幾百萬個這種意識單位。

10. 這些單位每個都覺察到所有其他單位的實相，並且影響它們。（這也說明萬事萬物息息相關、愛的互助合作本質。）

11. 可以在時間裡移前移後，以及移進我們並不熟悉的時間門檻。（它不受時間限制，過去與未來同時彼此影響，也包括了所有轉世之間。）

12. 包含著擴張、發展及組織等無限的特性。（有無限變化的能力。）

13. 永遠維持著個別性的核心。（這說明了每個存在從未消失、每個生命都有其獨特性。）
14. 無論它變成什麼組織的一部分，或與其他基本單位如何混合，它自己的身分不會被消滅。
15. 包含著一切萬有的天生傳承。

絕美又神奇的意識單位

形容意識單位，我用絕美二字，是因為它形成了生命存在的意義，經過精密計算，從無限多的可能性，因個人強烈意願而形成生命的軌跡。我們每踏出一步，都會隨意識的無窮變化，產生無法意料與控制的可能未來。所以有意識的我，做出有意識的選擇，能透過欲望和感情的強度，讓選擇具體化呈現；我只要覺知對現狀的不滿和限制，就能透過意識焦點的轉變而啟動神奇的轉機——至少我的感受可以改變到某個程度。

無限變化的機緣，更是強化了生命的韌性與驚奇，就像撒在土裡的種子，在同樣的條件之下，不見得每個都會開花結果。意識的個別性、獨特性、變化性，以及彼此合作的本能，形成人的本質，也是人和人之間關係的奧妙所在。

這種種的感知，是透過向內探索的強烈意願，才能略窺一二。對我而言，那是比物質實相更令我著迷的境界。

從能量形式轉變成物質形式的過程，就是宇宙形成的方式。意識單位的能量振動頻率，非常細微且比光速還快，形成物質之後的振頻最慢，於是肉眼可以看見並觸摸。許多有修為的人，經過心靈的探索與深化，會逐漸改變他們的能量，通常會比一般人的能量更細緻而且振動快

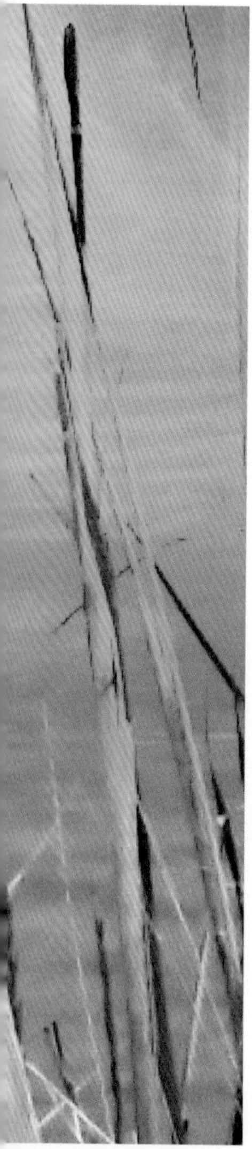

速；他們能敏銳感知周圍環境，以及其他人動念的變化，原因就是振動頻率的不同。

那麼，透過振動頻率的感知，一個人可以在尚未形成事件之前，先有意識的改變振頻，進而改變形成實相的結果，甚至可以決定形成的方式。

你可以特別留意，在一段時間的靜心冥想過程中與結束時，去感知皮膚毛細孔的細微振動，會覺得整個人在膨脹與收縮之後的肉身充滿彈性。我自己每次右手掌都會特別振動不停，這時，我會握住身旁學員的手，他整個人也開始震動起來；或是大家一起連結，這振動就會一直連結下去，就像電流，流過每個人。

專注什麼，就得到什麼

十幾年來輔導個案的經驗，讓我深深感悟，所謂放下執著是多麼困難。所有痛苦的成因，就是和意識焦點（執著）有關。賽斯說，你的經驗是跟著你的專注、預期和信念而發生的，你專注什麼，就看見什麼、經驗什麼，而專注，就是意識聚焦的狀態。

寫這一章，我醞釀了很久，因為實在不容易。對我而言，透過多年的練習，稍微能體會意識焦點轉變所產生的效果，否則單單只是從書本字面上的解釋，閱讀再多遍，字句再怎麼推敲，都無法真正明白意識本質的玄妙。然而像前述意識的特質，每一件發生在生命中的大小遭遇，都跟意識關注焦點有關，可見練習意識的聚焦和散焦，實在非常重要。

有位個案第一次來找我的時候，所有的驚恐都寫在臉上。她說，只要一看到未接來電的顯示，她就會開始頭皮發麻，非常恐懼，要回電也不是，因為怕聽見不好的消息，若是不回電，萬一是父母打來的，需要協助而自己不知道，後果就不堪設想。她是一位老師，對於將手機關掉或即時回電這件事，充滿了猶豫和擔心。

她意識聚焦的方向，很顯然的，是想負責又害怕承擔的矛盾。尤其她深深覺得，一定是不好的事才會來電。因過往的經驗，她「認為」一定要為父母的健康負所有責任，即便有手足，但她單身，「認為」父母特別依賴她，基於責任心，不敢不做，最後壓力大到自己得了恐慌症。

意識焦點專注什麼，就得到什麼樣的經驗，她的自我意識從小就對焦在擔憂、負責，但又想逃避責任，日復一日，逐漸累積的壓力，緊緊黏住意識心，形成事情還沒有證實怎麼回事、就先緊張的個性。她的預期永遠對焦在負面糟糕的結果，擔憂的是當下的自己，引起情緒的卻是預期和想像出來的狀況。

這就是聚焦。聚焦久了，在自我意識的認知，成為唯一的事實。一旦建立「眼中所見、心中所感」是唯一的事實時，她的焦點就不會再轉變，也不知道可以轉變，逐漸的，整個人就被這唯一的事實綁架。

後來，我們開始一邊探討原因，一邊建立新的信念。在談話的過程中，我提供不同的角度來探討她生命中的困境，用不同的態度來轉變她已習慣的焦慮反應。這個過程就是「散焦」的練習。將焦點轉變，從無能為力到意識自己有能力可以改變看法和心態，儘管事件彷彿無法變化，面對父母的個性和手足不想負責的態度時，她的確可以轉變注意焦點來改變心境。她覺得，每次談話後，都得到不同以往的美好感受。

然而，透過分析引導，其實還是停留在刺激自我意識的階段，這樣的方式需要一段時間才能改變慣性；若是配合心理時間、自我催眠的練習，效果更好。

散焦的重要性

聚焦是專注在一個目標上，而散焦，就是轉移注意焦點。自我意識的成形，就是內我派來體驗物質實相的代表。物質實相的林林總總太吸引人，於是漸漸忘掉自我意識是內我的一部分而不是全部。

這真是一件弔詭的事，既要投入生活，盡興去體驗這個偽裝實相的遊戲，卻又要明白這是一場創造遊戲，然後要學會進出自如。

談何容易！最常聽到的抱怨就是：「知道這些道理後，接下來呢？怎麼做？」「我練習這麼久、這麼多，為什麼還是無法放下執著？」

若你沒有真正去體驗進入內我的世界、提升內在感官的能力、了解做夢的影響，及靈魂出體等經驗，就很難相信並願意轉變意識焦點，無法說服自我意識去改變一直信以為真的經驗。

如何轉變意識焦點呢？

啟動內在感官、進入心理時間的目的，就是在引導已經過度壯大的自我回歸本心。而進入心理時間，就是散焦的練習。

其實，我們常常會進入散焦的狀態，它就像發呆、出神的時候，在醒時短暫的出神，你幾乎不知不覺的已經將意識轉移焦點，聽不見周遭的聲音，幾乎暫時與物質世界脫節。我常常開玩笑提醒父母，不要打斷孩子的發呆，他正在散焦——從物質實相轉移焦點到其他實相，這是一種本能；在自我意識形成之後，仍可以透過散焦，再度和內我連結，並且鬆動對焦的世界。

以下有幾個練習散焦的方法：

1. 有意識的轉移焦點。例如，當你拿著一張舊照片，除了觀察相片內容之外，還可以讓當下自己的意識焦點開始散焦，將意識的門戶打開，把照片內容當成參考點，然後透過想像力延伸進去，看到更多背景裡所發生的故事。

2. 選擇過去某一幕你記得的影像，透過想像去深刻的經驗它，然後延伸出去，它們可能會有不同的發展和選擇，你可能會經驗你並不知道的過去版本。有時，也可能你會覺得自己變模糊了，對過去的記憶已經不再堅固。

3. 選擇一件你發生的事件，把它看成是事件龐大庫藏中來到你經驗裡的其中一個，然後試著從過去生活細節去追蹤這事件發生的來由，接著把腦海中浮出的其他事件向外投射，變成你可能未來的行動。另一個角度，也可以從參與這事件的其他人觀點去看。

賽斯資料中有許多練習意識擴展的方法，倘若你還在自我意識吸收知識的狀態，一定很難理解這些練習會產生的效果。建議想要了解意識能力的有心人，唯有放鬆安靜下來，進入冥想狀態，意識才有機會離開醒時的框架，開始自由移轉到其他狀態。

這就是散焦，一旦你越來越熟悉散焦的練習，就已經可以感覺轉念比較容易，從不同角度看事情也比較輕鬆。也許你不會很快就成功，但是，經常將散焦練習當成意識放鬆的方法，那麼自由與擴展的感覺，將會逐漸滲透到醒時自我意識的習性裡，你會越來越輕鬆。

第7個練習

聚焦與散焦

事實是，每個人常常都會進入出神狀態，意識本來就可以轉向許多方向。

當你在發呆、專心想事情、專心看一本書或專心做著手邊的任何事情，你其實已經進入意識的側台！

你的意識常常會輕輕地往旁邊跨出去，就像從一棟主建築的客廳走出去，進入延伸建築的露臺一樣，那時因為專注，所以腦波很容易進入α波，是最容易接收訊息或看見各種奇特畫面的第一站。

這種情形，也是進入心理時間必然會出現的第一個現象。無論你有沒有靜坐經驗，你都已經經驗過了。

的確有許多人在這個入門階段睡著，但那是意識瞬間滑過意識的側台，直接進入較深沉的意識狀態，以至於很快就沒有聽見引導的聲音、與周圍環境失聯。然而這樣的情形，可能因為疲累，沒有做好心理準備，或是不熟悉意識變化的情形時，比較會發生。不過，在你相當專注的時刻，的確會對周遭環境事物達到一種渾然不覺的狀態。若想保持清楚意識、觀察意識滑行的過程，最好是選個精神不錯、特別騰出的時間專心練習。這時，你絕對可以在幾次練習之後，找到進入意識側台的參考點。這個參考點每個人都不一樣，是非常個人性的主觀感覺，但是進入的方法，卻是有軌跡可循。意識不同階段的練習，可參考《與賽斯對話卷二》，有趣且很有幫助。

好的，現在就讓我們找個舒服的位置坐好，閉上眼睛，最好是在精神不錯的狀態。幾次呼吸調整之後，漸漸感覺到身體放鬆很舒服，這時，腦波會進入α波，然後開始跟著導引：

想像你的眼前出現一條路，而你自己是路上的一個小人影。你必須清楚看見自己站在這條路上，它代表A-1。

接著，想像有另外一條路出現在緊鄰原來這條路旁，而你現在移動過去，這條路離你比較遠，象徵意識的第二個階段：A-2。注意你的感覺有何不同。

現在，繼續想像有第三條路，一樣平行相鄰，你又走過去站在第三條路上，A-3，它離你正常的意識更遠了。

繼續想像第四條路、第五條路，象徵A-4和A-5。留意你的感覺，彷彿你離原來意識更遙遠了。

想像自己回頭看見身後那四條路，然後轉身回到A-4、A-3、A-2直到A-1。感受你在第一條路上的感覺。

現在開始想像，在A-1眼前這條路上的「上方」出現另一條路，它是A-1a，然後繼續想像A-1a的上方，出現另一條路……

注意自己的感覺和意識，有沒有改變或任何不同。

現在往下看，然後一步步往下走，留意每一個出現的感受，直到回到A-1。

A-1是進入其他意識的門檻，也是進入其他種類感知和意識的一個門戶。

這個練習，可以幫助我們經驗意識的變化和彈性。

Chapter 8

內在感官的復甦

內在感官能夠以一種外在感官不知的方式擴大和集中焦點，內在世界是所有實相的一部分，並不是它與外在世界同時存在，不如說，它形成了外在世界，並且也存在於其中！

一棵等待的樹

第六棵楓樹

陳克華

如果有一天
你路過家鄉
那兒僅有的五棵楓，是否
仍引你駐足欣賞

自從你決意漂泊的那晚起
我便悄悄的
立成一株等待的楓
望你以冬的步伐歸鄉
探看我不住的憔悴
落髮

零落至今
返鄉的路徑淹沒已久
你還能尋出原有的足跡？
如果當初的漂泊是蓄意地
你怎能解釋
我年年憔悴
落髮
在你南方故鄉暖暖地冬季

如果有一天
你路過家鄉
希望你會驚異
這新植的第六棵楓
怎獨自地拒絕生長？

二十歲之前，除了科幻小說之外，中外名家的作品陪我度過不知多少漫漫長夜，原以為生命就該在二十歲結束，只因一場絕望的愛戀。但不知怎的，當年陳克華這位醫生詩人，在北醫時期寫的這首詩，竟讓我難忘至今，心中的共鳴，彷彿那棵楓樹的年輪，同時鐫刻在我心上。

關於等待，關於純情愛戀，關於剛萌芽的羞澀，渴望一個人，卻只能等待他的經過，甚至，對方根本不知道你這個人。

人生最後留下的，最令你難忘的，恐怕就是這些深刻情感經驗和人生諸般滋味。愛情，令靈魂偉大，因為，它會激發一個人超越現實，認真且願意失心瘋似地追隨他心中的愛，願意無視任何困難恐懼，去完成心中的理想，這是內在感官最活躍的時刻。

賽斯驚人的概念，三十年來，讓我從艱澀的哲學句子裡，漸漸尋出隱含其中最浪漫的情懷，當我能夠將賽斯資料讀成一篇篇散文、詩歌和豐富意象的藝術作品時，才真正感知什麼是內在感官的能力。對賽斯資料深刻的共鳴，在於其悲天憫人的胸懷，以及生活中微不足道的小事裡，意喻著宗教般的人道精神。

這才是賽斯資料的精髓，激發出人類最偉大的情感能力，而它打開了內在感官，連結宇宙最深摯的愛，體會並明白，萬事萬物皆由這宇宙之愛所創生。

因為愛，所有悲歡離合都能得到心靈救贖，這是我的賽斯版本。

賽斯在《早期課》裡提到：「情感是內在感官的外在延伸，於是，透過直覺和旅行、情感路徑的旅行，你將會聯絡上內我，因而能夠用同樣的方式，帶回能量轉換的訊息。」能量轉換，就是意念創造實相的過程。

情感，才是開啟內在感官的金鑰，情感能力本就是人類最偉大的天性，然而，年紀漸長，人被「人工區隔的自己」所限制，再也不敢輕易的表達情感，並遠離感受，任由理性主導生命，凡事講理、爭個道理，於是內在感官硬生生的被封閉了。

情感強度決定影響深度

「一株等待的楓」，詩人用意象表達內在的情感，但這比喻是有道理的，它不只是擬人法，其實也轉譯了一棵樹的內在感官能力。我從賽斯的精采概念來解讀，他說，「樹透過其內在感官活著，體驗到許多感受，並且對許多你們不自覺的刺激反應！一棵樹也認識一個人，雖然樹不會以你們的方式看見人類，它去認識人，並沒有建立起一個人的影像，卻建立起代表比如說某個特定個人的一個綜合感受，而樹會認出每天經過它的同一個人。」

樹的內在感官如此貼近人，以至於當你抱著樹幹時，竟然能夠與它連結，有種難以言喻的親密，你會感受到全然被了解、被接納，這時，人與樹之間啟動「內在震動觸覺」，而開始進行內在的交流。

詩人、藝術家，賽斯說他們都是天生的神祕主義者，不斷在尋求各種表達方式，來轉譯內在感官所感知到的情感能量，於是，和一棵樹的情感交流，將樹擬人化的寫法，都是啟動內在感官能力的結果。其實，所有的生命不分種類，都能經由這樣的交流而達到物我合一的境界，更何況與轉世的自己、與超越時空的生命互動，以及各種所謂的神奇事件，從內在感官的能力來看，就一點也不足為奇了。

一首詩、一幅圖、一件雕塑……都是具象化的精神能量，而每個作品的完成，就已走上各自的道路，和創造者脫離了關係。

人生也是如此，都是內在意念創造的結果：「身體即你自己獨一無二的活雕像，人生即你最親密的藝術作品。」任何一個人，都是創作自己生命的藝術家，也都在不知不覺中，經驗了運用內在感官能力來轉譯意念成為實相的神祕過程。你就是創造者，然而和你創造的實相之間，卻在創造完成的那一刻，已經各自獨立發展。

賽斯資料經過每個人不同的體驗詮釋，同時會分化成無數多的賽斯版本，於是，創造者和受造物之間就由情感來連結，例如回憶和感受；

所謂具體結果，已不是創造之初創造者的版本，留下的是依情感強度來決定受造物影響的深度：一段刻骨銘心的戀情、一首青澀的小詩、一個懊惱悔恨的事件、一部影響人心改變世界的曠世巨作……你眼中的世界、身歷其境的世界，都是由內在感官投射出來的。那美妙的情感強度，以至於超越時間空間，讓作品可以流傳百世，甚至累世反覆面對深刻的創傷。情感，就是讓這個世界產生意義的關鍵。

啟動內在感官的能力

賽斯在《靈界的訊息》一書裡說明，內在感官的重要，並不在它釋出我們的千里眼或心電感應能力，而是讓我們知道，自己不受物質的拘束，以及認識獨特、個人性的多次元本體。我們在使用內在感官時，增加了知覺的整個幅度，好比可以接收心電感應的訊息，進入一種透視人心的效果，不但看見事件的果，也能知道形成的因。

我們的感官分為兩種，一是外在感官，一是內在感官。賽斯說，

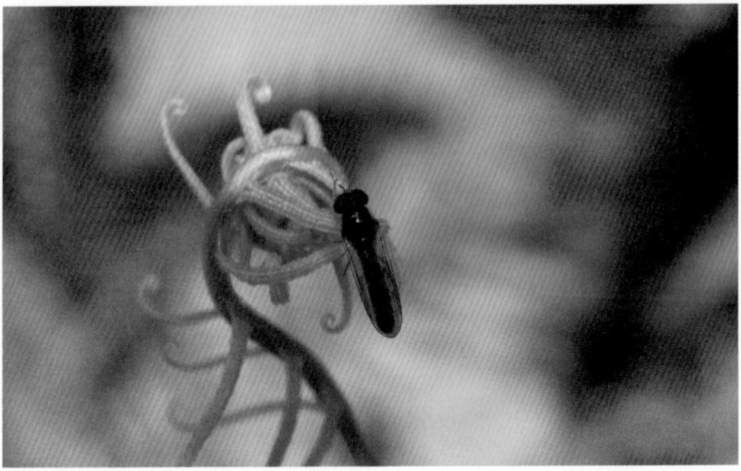

「外在感官主要是與偽裝模式打交道，內在感官則是與偽裝底下的實相打交道，傳遞內在的訊息。肉體是個在更大偽裝模式裡運作的偽裝模式，但肉體和所有偽裝模式也是宇宙重要內在素質的轉換器，使之能在形形色色的新情況下運作。」

練習啟動內在感官的能力，更精確的說法，是透過心理時間的練習來擦亮肉眼，以提升「穿透眼前幻相，到達背後實相」能力的練習。它不是什麼神祕的功法，而是你我與生俱來的能力，我們根本就是活在內在感官所投射出來的世界裡。

賽斯將內在感官的能力分為九種：

1. 內在振動觸覺：可以感覺成為他所選擇對焦的事物——人們、昆蟲、草葉……的經驗，像同理心，但更生動。也可以感知對方的狀態。

有一次靜心結束，我突然感覺心臟亂跳很不舒服，直到坐我對面的女孩準備分享前一秒，我脫口而出：「是你！」她立即大哭，原來是我感受到她壓抑在心中極大的情緒。

我也曾半夜突然恐慌發作，心口很悶，但意識到不是我的情緒；事後證實，我是感應一位好友的情況，在知道原因後，症狀立即解除。

這種感官能力幾乎是每個人都有過的經驗，它極具價值，能導致經驗的擴展、更深的了解和同情。

2. 心理時間：是內在世界到外在世界並再回頭的一條簡易天然通道。意識清醒時，也能在它的架構內休息。

所有內在感官能力的開發，都必須經由心理時間的過程。例如專注一件事，近乎冥想，但對外在動靜依然有所感知的狀態。它是注意焦點由外而內的轉向，時間的感知會改變，就像夢中彷彿經歷許多天，醒來卻只是一小時；靜心一小時，卻感覺像十分鐘。重點是，注意焦點已經不是物質實相。

3. 感知過去、現在與未來：這感官允許我們透視明顯的時間屏障，任何預感都需要運用這種感官。可以感覺在焦點範圍內每個生物的過去、現在與未來。

在心理時間的練習中，最常有這種經驗，例如遇見自己或別人的轉世，或預知未來。它也是第一種感官能力的擴展，不但感知他的當下狀態，更能突破時間限制，對於他的過去、現在、未來有通盤了解。

4. 觀念的感官：對於一種觀念的直接認識、完全體驗，遠超過理智上的認識。運用心理時間當作起點，你將能在某個限度內變成那個概念，會在它之內向外看出去。

這涉及一種不經轉譯直接心領神會的過程，通常我們對觀念的理解都是透過聲音、語言或文字的轉譯，但會有一定程度的扭曲，而賽斯在和魯柏、約瑟連結時，他同時要擴展他們這項能力，就是對觀念直接的了解，並且延伸更多，以免流失通訊過程中重要的意義。

這個能力，在第三種能力熟練之下才能運用得更好。

5. 認識見多識廣的本質：不涉及觀念的認識，與過去、現在、未來無關，而是涉及把自己變成另一種東西的切身變化。就像認識一個人，你不受肉身限制，直接進入他之內成為他、感知他，是一種更強的內在振動觸覺。

第一種感官是感知對方，而這一種卻是直接變成對方，真正了解對方。俗話說，「你又不是我肚裡的蛔蟲」，意思是，你不是我，你怎可能了解我？但是運用這種感官能力，恐怕就真的是成為對方，而達到真正理解。

再打個比喻，想像自己成為在大海優游的海豚，若運用這個感官能力，你就能經驗透過海豚在大海優游的滋味。記得我學成蝶式，就是在游泳池裡想像自己是海豚，而忽然間學會的。身體可以前後擺動像條

魚，覺得很不可思議，也許就是啟動這個感官能力的前奏。許多資料也有提及，古代的巫師，就是運用這種能力而成為對方。

6. 對基本實相的天生知識：一種極為基本的內在感官，存有對宇宙基本活力的天生有用知識，沒有這知識就無法操縱活力，像是本能。內我擁有全部的知識，但一種有機體只用到部分知識，如蜘蛛織網、蜜蜂採蜜，都純粹自發的應用這種內在感官。它也顯示在靈感裡和自發的「了然於心」中。這感官引發大多數啟示性的經驗，像魯柏「物質宇宙由意念建構」的概念，突然出現在她的靈感中，也是它的作用。

7. 組織囊的膨脹或收縮：這感官可以是自己的界限和有意識理解的擴大，也可以把自己收得更緊而成為極小的囊，以使自己能進入其他實相系統。

組織囊就是一個能量場，包圍著每一個意識，使得內我的能量不致滲出。組織囊也稱為靈體（astral bodies）。幾乎在進入心理時間練習時，常常會有身體不斷膨脹或是縮小的經驗。

8. 擺脫偽裝：藉由改變頻率或振動，內我可以由一偽裝中解脫後，平穩採取另一偽裝或完全卸除偽裝。

像科幻片中，常出現由一種生命型態轉變成另一種，或只是意識流動的感知。進入心理時間到某種深沉意識狀態時，很容易出現完全失掉肉體的感覺，只有意識的流動，可以成為風、雲朵或是溪流。

9. 能量人格的擴散：能量人格想進入物質系統時使用的感官，它必須用最簡單的樣子，然後再聚集，精子或卵子就是一個入口。內我用此感官來引至它人格中之一誕生入肉身生活中。簡單來說，這就是入胎出生的過程。

賽斯也提及，當出體涉及非物質實相時，或陰間人格希望和陽間溝通時，會用這種感官。這就是穿越不同實相需要用到的感官能力。想像身體結構中每一個粒子擴散之後，再到另一個實相聚合的過程。約瑟就幾乎曾經和他當外科醫師的轉世自己會面。

我們可以想像轉世自己散成許多粒子，再到我們的實相聚合起來的結果，這就是不明就裡的人所說的「見鬼了」！

這九種內在感官，事實上並沒有分別的界限，是為了說明的方便，而拆解成九種。賽斯主要目的是引導我們了解如何開啟內在感官的能力，以便學習實相究竟為何。我們不會被主觀吞噬，人格試著走入他自己而發現真理都在心中。這種練習，也將能幫助我們覺察清醒和做夢的自己，意識的幅度和廣度確實不同了。

內在感官擴大我們的世界

進入心理時間，啟動內在感官的能力，是一個認識自己、擴大人格幅度的練習。做這些練習之前，我已擁有不少這能力帶來的深刻經驗，若沒有內在感官延伸了物質實相的空間和時間，一切都以外在感官來應對生活，將是多麼無趣的人生！那看不見的世界，已經不在同一實相的親友，卻仍活在心中、活在另一個並不遙遠的實相裡，甚至可以相約在夢中，在每一次出神，經由心理時間的通道，所有相愛的人都能再次相聚，多麼美好！

「床戲」是我人生第一次、為了滿足一位年輕癌友的夢想而舉辦的舞台劇，那時她才三十不到，卻是肝癌末期。發動所有志工幫忙，主任們親自上場跳舞，沒有經費，沒有經驗，只有熱情和想完成這事的衝動。這也是和專業編導旻均老師的第一次接觸，她義務為我們撰寫劇本和指導演員，現在已經為基金會編導多齣膾炙人口的戲碼。

當年這戲的靈感，來自：「人的一生多在床上度過：出生的床、新婚的床、臥病的床和抓姦在床！」大夥兒嘻笑熱鬧的花了半年準備和練習，沒想到正式公演前一天，女主角才出院，身體虛弱了，一直痛苦著自己的人生從未如願走自己的路而矛盾。開演前，她告訴我說不演了，因為台詞裡寫的，也不是她想說的。於是我告訴她，「沒關係，戲服都借了，妳上台去說妳想說的就好，別管台詞了。」看得出她依然想演，於是，台上擺了兩張椅子，我請已經準備大半年的男主角，只要坐在台上陪她即可。

聚光燈下，女主角緩緩說出她的人生感觸，男主角靜靜陪伴著。順隨感覺，真心話娓娓道來，說著這一生都只是為了別人的期待而活……像是喃喃自語、又像是排練已久的純熟自然，令人動容。同時，台下一片啜泣聲。人生最大的無奈，恐怕就是無法做自己吧！

演出後沒多久，她往生了，就在農曆七月前。

沒多久，持續在週四晚上靜心練習，才閉上眼睛，我就看見她穿著白色戲服站在我對面的學員身旁。「嘉珍老師，我現在很好耶！」突然迴盪在我耳際，也「看見」她面帶笑容、栩栩如生的模樣，我心中一慟，知道她來了。

她看起來活潑快樂，像個小女孩似的，明亮的一對雙眸，笑瞇瞇的叫著我。因為七月許多人依舊有忌諱，於是我沒有說。然而，在靜心結束的分享時，我對面第一次上課、從來沒有經驗的學員說話了：「好奇怪，剛剛我感覺有一個女孩站在我身邊（她指出的位置，就是我看見的地方），感覺她很開心！」

喔，我確定她真的來了。這一說，左右兩邊的學員也都意識到，靜坐時突然起了一陣雞皮疙瘩，而坐我左邊的一位老師說，才閉上眼睛就想哭。

好吧，既然大家都感覺到了，我就不再隱瞞。在場的每個人都覺得不可思議！這是啟動內在感官能力的集體印證。

另一個故事，主角是年輕的媽媽，也是肝癌，和大家的感情很好。為滿足她的渴望，在她出不了院的時候，我帶著工作人員和幾位學員，去醫院和她一起上課。那一天，她吃力地起身，換上她早已為自己準備的粉紅旗袍和高跟鞋，然後虛弱地靠在床上，但還是努力地跟著大家一起冥想。她最後跟我說的話是：「我好害怕！」

我拉著她的手，跟她說：「別怕，天使都在妳身邊。」

清晨她就往生了，我們趕上見她最後一面。

隔天剛好是癌療團體的時間，她先生傳了簡訊告知，而我下了課一進辦公室準備休息的同時，就清清楚楚地聽見：「嘉珍老師謝謝你。」當下我心中好有感覺。

晚上，也是靜心課程，才一坐穩，就聽見：「嘉珍老師謝謝妳，請妳幫我謝謝那些曾經陪伴過我的人，我這一生過得很精采，下一生決定要過平凡一點的人生！」這些話，一字一句清清楚楚。

我相信她是來道別了，心裡感到安慰而篤定。脫離肉身的靈魂是輕鬆喜悅的，無論生前是怎麼病著，如今都恢復了自由，而且可以看清楚這一生的選擇，接著安排另一場人生。

這兩個小故事，就是內在感官能力的啟動連結。在我的主觀感受裡，涉及的是情感深度，一種對生命的信心。

第8個練習 擴展自我

進入心理時間，就是啟動內在感官的前置作業。賽斯資料以及其他的心靈訊息，都是透過內在感官的作用，連結生命源頭，擷取到內在知識的直覺庫藏，然後傳遞到物質世界。所以，內在感官的復甦，對習慣專注在物質實相的人們非常重要，它是一個入口，能碰觸創造物質實相真正源頭之處。

練習擴展內在感官的功能，首先，你可以運用想像力，延伸雙眼所見之物，例如，望向窗外的景致，想像你正經過它們，同時感受你經過每個景物的感覺。有點像是你不必碰觸冰或火，但也能感受到冷和熱！

平常你就可以練習延伸意識所能觸及到的任何事物，擴充你對它們的感覺。例如，經過一棵樹，你就想像成為一棵樹的感覺；經過一片稻田，感覺稻麥隨風搖曳的感覺，諸如此類。

你可以環顧所在位置的四周，有些什麼樣的陳列，同時練習用心眼穿過視線所及的物品背後。也可以拿張舊照片，透過照片中你的眼睛，再繼續望出去，彷彿你正走在照片裡所在的場景，這場景再延伸出去，你會看到什麼其他的景致？這樣視覺的延伸，甚至可以走出一個新的過去，創造一個或數個新的可能性。

內在感官的能力是超越時空的，在廣闊的現在，過去被當下的你再創造。這種意識的延展，是賽斯提及啟動九種內在感官的基本能力。

現在，就讓我們輕鬆坐著或躺下來，調整呼吸，全身放鬆，將注意焦點移轉向內。

想像你正注視著一張舊照片，仔細端詳照片中的景物，盡可能看清楚每一個細節。照片中的你，或者還有別人，他們是什麼年紀？正在做什麼？你們之間的關係？

接著聯想，當時你生活的狀態，這張照片拍下來時的心情、感受，接著再繼續想像，意識延伸到當時可能做的新選擇或其他可能的發展，繼續這樣想像下去，會出現什麼樣的影像，或會走出什麼樣的新人生？

內在感官的能力，會引領我們進入不同時空的可能人生，甚至在機緣與情感的作用下，連結此刻你的人生，創造人生嶄新的變奏曲！

這樣的練習都是在心靈實相中進行，你將能體會創造的過程。在結束練習之後，也許你的人生會突然出現轉彎的機會，將自己推向更符合你理想人生的新境界！

Chapter 9

外境是內境的延伸

你應盡的責任，也是每一個人在他的力量範圍內應盡的責任，就是維持他自己的心靈健康與生命力。依據這股生命力的強度，他將會保護他自己和別人，負面預期，根本不會保護個人和那些他接觸到的人，實際上反而會像傳染病一樣，變成或大或小的破壞力。（《早期課3》）

你必須為自己解決一些事

我們生活其中的世界，是由內在心靈世界建構出來的，這是賽斯資料最重要的概念。「物質宇宙即意念的建構」，這來自心靈的訊息，正式開啟了魯柏和約瑟的心靈探險之旅與開悟之道。幾十年下來，這句宇宙真理，我相信自己的腦袋已經漸漸熟知相關義理，但是，就像霧裡看花，知道有一條進入的途徑，卻仍朦朧的進進退退，還會誤入歧途；橫在眼前的阻礙，就是那還未認清的自我執念，以及很容易受到外境影響而產生的負面思想。

簡言之，是自我的恐懼阻礙了內心的清明。

許多學習賽斯資料的人常常會問，為什麼像賽斯如此厲害的高靈，沒有把魯柏的病直接治好？假如賽斯知曉一切，為什麼魯柏的執念沒能徹底改變、讓自己健康起來？我也這樣疑惑過。

賽斯在早期傳訊不久，曾因魯柏生病而中斷幾次固定課程。後來賽斯告訴魯柏生病的原因：「我不能剝奪魯柏解決問題、進而增長自身能量與能力的機會，因為沒有內在的了解和心靈的理解，任何一種療癒都不可能發生。」

「你必須為自己解決一些事！」賽斯針對她的病指出：「這場病是代表一個必要的警告，警告魯柏近期有個傾向，就是逐漸陷入負面思考，而臥床期間又特別專注在報上關於世上惡行惡事的新聞，有好幾次變得極度有害身心。然而會閱覽這樣的新聞並非巧合，特別是在生病期間，這樣的反應所引發的情況對身體健康極度不利，這場病的用意是在幫你踩煞車，讓你思考。」

簡短的一場對話，卻意義深遠。疾病就是一個暫停習慣思維的提醒！人總是會受到外境的影響，特別是負面的訊息或事件，一種所謂的人道精神或正義感，往往更強化了義憤填膺的氣概；然而，這種情緒的過度投入，導致自己陷入負面情緒而大受影響。賽斯提醒魯柏：「即便關切人類福祉，但也不要耽溺其中，否則就會充滿各種很不幸的可能性，要保持心態的平衡，既不是一頭栽進無知、疑慮與不公不義裡，以至於你除此以外什麼都看不見，也不是閉上眼，什麼都不看。」

只要活在這個世界上，就一定會受到外在環境中事件的影響，而挑起各種的偏見與心情，每天每日，圍繞在我們周遭各種令人擔憂、恐懼和不安的訊息，造成群眾陷入集體的焦慮。說真的，這樣的氛圍，實在很難讓人保持清明，整體能量場是一直在互相影響的，看見別人的悲劇，也會引起自己的情緒。就算是在一個家庭裡，只要有一個不穩定的成員，都會造成整個家庭的不安。

身處這樣的能量場，如何讓一個人保持清明？

於是，賽斯告訴魯柏：「在你之內一定要有一個地方，在那裡這些東西都不存在，或內我的自由不會受到束縛，就他和自我的連結而言。」

這樣一個內在空間，隔絕了外在，只有自己和內我的連結，是自由自在且深深安穩於生命源頭的支持與恩寵中，沒有偽裝實相裡種種意念投射出來的事件影響，是一層保護膜，是一個較高位置，可以清明且旁觀一切創造出來的現象，更像是原初存在的狀態！

本來無一物，何處惹塵埃

其實，每個人都來自這樣一個空間，可以和內我自由自在連結，能讓直覺、衝動、心電感應種種感覺流動，結果，卻漸漸迷失在自我對焦的物質實相，之後便和它失去了連結。

自我對焦在物質實相是必要的，那是肉身的學習道場，但是太過投入脫不了身，就會失去清明。

賽斯對魯柏一句很重要的提醒是：「你的內在早有負面的思想，因此吸引了負面事件，更強化負面情緒以至於生病。」

造成種種不安的現象，並非外來的事件影響，卻是早已隱伏在心裡的恐懼能量，而吸引令人恐懼的事件來到身邊。

那麼，究竟我們的內在環境——心態，堆積了什麼樣的能量呢？

在第二章探討過，打掃心靈房間，是「時時勤拂拭，莫使惹塵埃」，要掃淨的是那諸般執念的塵埃，然而，「本來無一物，何處惹塵埃」，一切源頭的心靈空間，本自清淨無染，因意念紛起而創生萬事萬物，於是人，一世又走過一世！

從「人」這個生命體的努力，如何有覺知的清理內在空間的執念塵埃，進而有意識的建立獨屬於自己的心靈空間？事實上，空間早就在那裡，可說是形成實相的能量場，只待我們丟入意念，經過能量轉譯，具體成形，成為外在環境。困難的是，早已累積下來的諸般意念，黏著其內，形成難以改變的積習，所以說，不但要時時勤拂拭，做心靈的大掃除，更要有意識的重新建立自己的內在空間。

你可曾想過，當一切外緣都暫停時，你是誰？你內在空間是浸泡在什麼樣的湯底？它會決定你看出去的世界。

童話世界的遊樂園

從小，在我心底一直有個感覺，覺得當夜晚來臨的時候，世界就會翻轉成另一個實相；隨著地球的轉動，生活其上的人，不知不覺都能從不同的門窗碰觸宇宙，沾染數不清的實相裡釋放出來的訊息。尤其睡眠時，你的意識就像蒲公英的棉絮到處飛，在無垠的夜空和其他人生命意識的棉絮交換情報。於是，當清晨來臨，我們都已經悄悄轉變了，意識的棉絮捎來不同的訊息，也悄悄清理了細胞的負能量，你已不是昨天的那個人。

若非如此，人怎麼擁有那麼不可思議的承擔力，去面對明天和無數的未知？

聽起來很浪漫是吧！有記憶以來，我就對於夜晚有著無限的遐想，而且，每遇不如意的事，我就會躲在被窩，然後告訴自己快快睡覺；因為，當我醒來時，整個世界就會不一樣了——小女孩是用這個信念，度過人生無數個低潮！

除此之外，對於每個聽過的童話故事，我幾乎都會延伸劇情且深信不疑，一直堅信在遙遠的深山裡，一定住著會施展魔法的神仙……更選擇相信，只待我需要，祂們都會出現在身邊。

時至今日，我雖已年過半百，卻從未放棄相信宇宙未知的神妙力量，就像相信聖誕老公公的存在一樣。它是我人生的信仰，也是內心支撐我存在的基石。

說來有趣，小時候，我感覺自己常常活在不同的世界，看出去的景物朦朦朧朧，同時也有一個自己在看著這個自己，覺得怎麼會有一個像我這樣的人存在？這些小時候的記憶原本都已淡忘，可是寫著寫著，那時候的自己，竟然越來越具像化了。現在的我，是喜歡這樣的我，覺得有一種和宇宙很接近的感覺，這種心態，在物質實相上被叫做「不切實際」。

會不會就因這股不切實際的信仰力量，讓我體驗許多還在記憶中、和已經跳出記憶之外的神奇經驗？看見神奇、感受神奇，就是一種人與生俱有的本事，也是賽斯說的「神奇之道」。

外境是內境的延伸。我內在的心靈環境常常浸潤在這般的童話湯

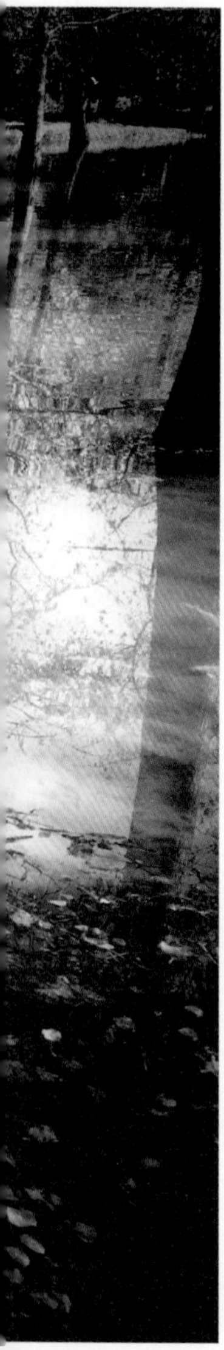

底，於是人生的發展，無論遭逢多少挑戰與暗夜，卻總在關鍵時刻，出現如童話般的轉折。

年事漸長，深入心靈探索之後——尤其是賽斯資料，讓我確信，對於童話故事隱喻的神奇力量，相信和否認，幾乎決定了每個人內在的心靈空間，將會布置成什麼樣的樣貌。這空間，正是不同人生故事的製造廠，它形成童話世界與成人世界的對比，即所謂非官方與官方說法的差異。

這就是我深愛賽斯的原因。我在性格上所有天生的傾向，與相信神奇魔法存在的心靈空間，竟然得到了賽斯的支持和眷顧。原來我的「不切實際」，是一種超脫世俗的眼光和心態，更容易進入賽斯提及的內在空間。

我的龍貓巴士

我幾乎忘了這段奇緣。若非舊地重遊，這已漸漸沉沒在潛意識裡的經驗，不再被自我記得，然而，它強化了我對神奇魔法存在的深信不疑！

朋友聽我描述，覺得很不可思議：「為什麼妳常常會發生這些事？」

當年的我，隱約感知賽斯資料裡不斷提及的多重實相與空間概念，但並沒有切身的經驗。我的腦袋雖不明白卻願意相信：每一天都匯聚各種可能性，也是不同實相的交會點；我們有意識的自我，擋掉太多這類訊息，卻只相信外在感官的接觸經驗，實在可惜。神奇的接觸，如空氣般與我們如此貼近，以致在不知不覺中，已經進出不同實相多少次而不自知。

有時候不得不懷疑，曾不經意接觸到的人，真的是和我在同一個實相嗎？還是，因為當下的需要，透過潛意識召喚而來的接觸？那些錯身而過的人，再也不會見面的陌生人，他們真的和我存在同一個空間？

好多年前，一個深夜，我搭著一對夫妻的便車到新竹，在高速公路附近的客運站下車，準備轉搭巴士回台中。結果，車站的服務小姐正準備關上門，我急忙跑去問，「最後一班車是幾點？」

「不好意思，最後一班回台中的車剛走。」小姐很客氣地回答，一邊關上售票亭的門，準備離開。

夜已深，行人三三兩兩走在微涼的馬路上，他們都是剛下車的乘客，只有我在車站探頭探腦地張望：「怎麼辦？」

我一直是個還算鎮定的人，同時想到幾種回家的方式：走到高速公路交流道下等野雞車、包一輛計程車，或者乾脆叫朋友回來載我，大不了明天再回去……許多可能性不斷出現腦海。不過三四分鐘，好心的站務小姐拉下鐵門之後，立即叫住我：「妳趕快到對面，那是台中開到新竹的最後一班車，他不會載客了，妳去問問司機可不可以帶妳。」天啊！我一聽，飛快跑了起來，穿過馬路，巴士剛剛好停下，我立即跳上車問司機，「可以讓我跟著車回台中嗎？」

昏暗的燈光下，只見一位身材中等、約莫六十歲出頭的司機，很爽快的回我：「先等我進市區，讓乘客下車，然後再回台中。」

我一聽，心中大喜，迅速望一眼車上，只有四、五位大學生模樣的乘客，於是我選坐在司機後方第一排的位子，靠著窗，喘息著。

巴士很快繞到市區，眼見乘客一個個下去，車上果真只剩我一人。還沒上高速公路，我不敢睡，想著，怎麼這麼剛好，運氣真不錯。內心同時又有一點忐忑，「還沒買票……而且，真的只我一個乘客嗎？」

很快的，司機直往高速公路開去。沿途沒有停車載客，果真整個巴士只有我這名乘客。

「司機先生，我還沒買票耶！」還是先問問。

「沒關係啦，反正要回去，不用了。」

車上的燈全關掉了，一種奇特的感覺悄悄地浮晃在空氣中，倚著窗，看著窗外漆黑一片，一直延伸到染點墨綠色的天空。遠處燈光點點，又迅速地消失，公路上彷彿只有這一輛急駛的巴士……就在這個瞬間，心中突然蹦出一個畫面：

「我坐上龍貓巴士啦！」

這個念頭一出現，心情立即變得童話起來，也忘掉剛剛有點不安的感覺。深夜裡，我一個人，坐在陌生司機開的車上——專車送我回家耶。

呵呵，擔憂的是自我意識的作用，但童話般的幻想，卻即刻打破自我的習性，替換成一種如夢似幻的奇異感。我的心境越來越輕鬆，越來越不真實。

我坐在龍貓巴士上……哈哈哈，一幕幕龍貓巴士的影像出現眼前，飛翔在夜空中的童話情節……沒多久，我漸漸昏睡，聽見司機先生開始像是和我對話，又像是自白的說起他這一生。很清楚的一句話是：

「這是我最後一趟車，明天開始我退休了！」

天啊！不會吧，這麼巧，我心底越發有了如夢似幻的感覺。

「開了三十年的車，養大了兩個兒子，現在一個是老師，一個是醫生，他們都很孝順，買了一個房子給我，而且要我退休好好享受生活……」

迷迷糊糊中，隱約傳來一陣陣幸福的甜蜜味道，我有一搭沒一搭的回應：「真好，幸福啊……」迷離的夜，伴著我正在游離的意識，事後想來，真的很不真實。

後來，他開始講述細節，包括他家要鋪什麼樣的磁磚、塗什麼顏色的油漆、買幾吋的電視……我一直是有聽沒有到的咕噥咕噥附和著，就這樣不知不覺下了交流道。最後司機先生問我住在哪裡，他要送我回家。

於是，偌大的巴士，開在我家附近的路口停下來，我只要走幾步路就到家了。下車時，我非常感謝且榮幸的參與了司機先生美好的一生，以及他人生最後一趟巴士的巡禮。

相逢自是有緣，而這緣，實在太神奇了！

站在下車處，萬籟俱寂，深夜的街道沒有一個人，我望著駛離的巴士漸漸遠去，認真地盯著車子的背影，彷彿它真的會消失在夜空中。回到家中，還帶著一種迷幻味道的朦朧感，就像喝了酒似的微醺。家人都睡了，我坐在客廳窗邊，再望一眼今晚的天空，期待看見剛剛那輛巴士在空中飛！

我真的認為這位司機是為我而來的。每一個在生命裡發生的事件都不是巧合，那麼，這輛龍貓巴士對我的意義為何？

事隔多年，我已經不再想起，直到二〇一六年尾，和友人相約在新

竹，因一個觸機而提起此事，於是我決定把它分享出來，那一個如夢似幻的夜晚，再次漸漸浮現腦海。

我真的相信這事件，來自我人格中對童話或傳說有著深深的著迷。我內在的心靈環境，基本上是自由、寬闊和天真的，顯現於外在的行為和個性，絕對是個夢想家、理想主義者，是個不願受限於現實不可變狀態裡的不安靈魂！我相信看不見的部分比看得見的世界更迷人，一直不太適應成人的世界；成人世界代表著務實，而我不願改變的天真，說實在的，既有趣又悲傷。當然，這是轉世投胎的重要學習與經驗。

清晨的偶遇

還有個有趣的小故事。

一天清晨不到六點，我有事掛心睡不著，於是一個人下樓到附近的小公園散步。往常，都只有幾位中老年人在做運動，今天我一走進去，不知從哪鑽出來一個小女孩，雙手放在背後，手裡握著一支鉛筆，突然走在我的身邊。

「哇！這麼早就起床啊，妳一個人？」

「是啊！」女孩留著妹妹頭，圓圓的臉蛋，一派成熟的樣子，一開口就朝著我說：「阿姨，妳好漂亮。」

更有趣了。我望著她，像大人一樣的口吻，有種篤定。

「真的嗎？」她點點頭，步伐繼續往前。我開始對她好奇：「妳幾年級？」

「一年級。」

「才小一呀，媽媽怎麼會讓妳一個人來啊？」

「我都是一個人來散步，走六圈就回家。」還有進度呢。

我們一大一小，步履幾乎一致的繞著公園散步。還說些什麼我已經忘了，但是，小女孩跟我說過話之後，我早忘記為了什麼事而心情不好，只是意識到，她一點一點地將清新的感覺灌入我心裡、身體裡。

「阿姨，我走完六圈，我要回家了，再見！」我也沒數幾圈，看著她頭也不回地走出公園，直到背影漸漸消失。

一個小一的女孩，怎麼有這樣安定的能量？我愣愣地站了一會，約莫半小時不到，天已經大亮，人漸漸多了，我自己再走幾圈，然後回家。

我心想著，是老天爺安排了一個小天使來安慰我吧！只是短短幾句話，小小公園的清晨交流，卻有了不一樣的早晨和心情。

我真的第二天早晨又去公園，從那次之後，就再也沒有遇見她。

生命是神奇且備受照顧的，活在恩寵的感受裡，本來是天性。但是當煩惱太多時，就會遺忘。我相信這樣的奇遇，多少是映照我童話般的內在空間，我的焦點很容易就對準在童話般的情節，也許換一個大人，就不會認為這有什麼了不起，不過就是巧合。

我相信神奇魔法是存在的，它就是童話的元素、年少時的心思，我從記憶庫裡搜尋出更多生命中神奇的時刻，也印證內在心靈空間的存在可以有別於外在世界。這兩個世界雖然互相影響，一旦能隨時進出內外空間且出入自在，生命就一定可以輕鬆許多。

這樣的內在世界，是個保護空間，更是外境的推動力量。我的神奇相遇，若沒有一種天生的信任和勇氣，怎麼敢一個人坐上沒有乘客的巴士，又怎會如此安心地相信一定會到家？而一次清晨的偶遇，小女孩竟然就治好了我的憂傷。

與靈魂對話

當然，世事不是都這麼愉快美妙的。經過將近九年的心理時間、啟動內在感官的練習，許多學員和我一樣，原本覺得陌生煩躁、浪費時間，且靜心下來之後，煩惱和思維比日常還多、還意亂紛飛。但是，漸漸透過持續的練習，雙眼一閉，放鬆安靜下來，很自然的，自我就會退位，而讓出主導權給內我。內我就會帶領意識在內在空間中自由翱翔，體會不一樣的感受，以及無法預期的接觸；可能是過去，可能是未來，一種似遠又近的主觀感受慢慢清晰，進入完全不同的世界。

也許初期因為雜念太多，要花點時間清理空間，但是，只要信任並放鬆，內我自然就會引導我們建立想要的心靈空間，也就是進入感覺基調的地方；可以在脫離物質實相之後，跟著個人的特質，甚至童年時天真的夢想為基底，而營造出獨屬於自己的桃花源。

這獨屬於自己的心靈空間，就是我們與靈魂相遇對話的空間。

第9個練習

建立內在空間

心靈就是我們內在的空間，但是，心靈對許多人而言，很空泛，我們追求各式各樣的外在空間，特別是讓自己感覺舒適和安全的空間，也許你會尋求室內設計師量身打造一個適合你的空間，卻少有人想要用心營造一個讓自己隨時可以進入、真正安適的心靈空間。

外境就是內境的延伸，你外在所處的環境，都是來自你內在環境的延伸，於是，外在環境的精心布置，卻不一定保證可以讓你真正的舒適安心。

許多人一直在尋找可以信賴、並且向之求助的某個彷彿很遙遠的靈性內我，同時卻不信任有個如此親密接觸的自己，當下就住在心靈空間中！

現在，安靜下來，進入心理時間，你的意識將在瞬間滑入內在的心靈空間。

想像自己就是空間的設計師，你開始環顧四周，順著內在的指引，並投射出你的意念，開始設計整個空間的布置，那是獨屬於你自己最私密、最個人性的空間。

從牆上的顏色、到家具的擺設，都是順著你心意的呈現。

那空間會給你帶來安適、放心並且隨時可以充電。

你能夠在這個空間中，轉換身心的能量；你可以藉由不同的顏色，來協助心靈空間的作用。例如：白光代表淨化，金光代表轉化，紅寶石光充滿愛與治癒的能量，薄荷綠光讓你感到清新舒暢，彷彿身處大自然中，粉紅光可以帶來無私聖愛的能量，而藍光讓你頭腦清楚而穩定。

點亮一盞燭光，安靜的處在這個空間中，這是你和內我連結相遇的地方，也是隨時可以放鬆充電、重新校準人生方向的地方。

讓自己隨時隨刻都能夠在這個空間中，遇見自己！

Chapter 10

模擬出生入死的過程

你們並沒有被困在時間裡，你們不能靠肉體感官來給你實相的真實畫面。你們有時在做夢時比在清醒時更聰明、更有創造力並且知識也豐富得多。（《靈魂永生》）

恐懼是人心最大的束縛

第一次刻意練習靈魂出體，是在二十歲出頭的年紀，並無任何有關靈性的基本概念，只是跟著友人介紹的一本書，內容是關於喇嘛修行的記錄。

我按照書中的步驟，平躺在床上，床邊桌上點一盞小燈，像自我催眠似的心中念著：「我會出體、我會出體……」有意識的讓自己完全放鬆。就在像要睡著的時候，突然發現自己站在床尾，正看著躺在床上的自己，瞬間我被這一幕嚇到了！「自己」立即「縮」回來。前後只經歷短短幾分鐘，有意識察覺時，幾乎同時伴隨驚嚇，那個瞬間卻很難忘，嚇得我許多年再也不敢嘗試。

有位朋友一直熱切探索心靈，想經驗靈魂出體，但只要頭一靠枕就會睡著，靜坐時，也被訓練不能妄想，所以，對於我一試就成功，頗感到不可思議。

無心插柳柳成蔭，當年的我，只對被許多科學家嗤之以鼻的不可思議靈異現象充滿好奇，對於飛碟、神祕古老文明和人類潛能這區塊的資料書籍，都是帶著浪漫又好奇的心態去研究。然而，這次經驗非同小可，彷彿撞到鬼似的驚恐，原來真的有一個我，可以離開肉身，那麼，我真的不只是我以為的我存在？靈魂是什麼？靈魂和肉體的關係呢？既然靈魂可以出體，人的存在就不只是一具肉體而已。那麼同時包含著肉體和靈魂的我，又是誰？

小時候，以為靈魂就是鬼，人死後都會變成鬼，大人都是這樣嚇小孩的。年事稍長，就會問鬼是什麼？活在那兒？為什麼有時候會感覺有「東西」可以和身體分離？特別是栩栩如生的夢境，誰在做夢？夢中的自己是真實的嗎？

我們的存在比肉體還要大

這次經驗，冥冥中促使我從新聞轉入哲學領域，我極想探討生命是怎麼回事。直到遇見賽斯，我終於找到了讓我安心的學習之路，多年前

和一群人成立台中賽斯讀書會，因緣認識翻譯《靈魂出體》的譯者翔翎，開始有了固定聚會，正式進入賽斯資料的探索。

《靈魂出體》這本書，作者羅勃・蒙羅（Robert A. Monroe）記錄了他三十五年親身實驗的出體經驗，他說：「我經常出體，但我仍然活得好好的。」

當年我非常用心又好奇地把書讀完，對於靈魂出體是一件非常稀鬆平常的活動有了概略輪廓，原來每個人睡眠時都會出體，差別是多數人都在無意識裡進行，而蒙羅的實驗證明，出體竟然可以用非常清醒的意識狀態去經驗，同時帶回許多其他實相的資訊。

我終於能鬆口氣！心底很興奮，就像

擁有了新奇玩具一樣的開心。這本書的內容，簡直像科幻小說，作者主持一個出體訓練班，其實就是訓練意識轉變能力的機構，然後大量收集眾人出體之後種種的經驗和帶回的訊息。這幾年關於類似主題的電影，幾乎可以當成教材，都傳達了這些觀念，例如《駭客任務》、《全面啟動》、《星際效應》，到《奇異博士》、《外星入侵》等等，描述我們所熟悉實相以外的世界，打破外在感官的種種限制，透過當下存在的你，進入心理時間這條穿透過去、未來以及各種可能實相的通道。

出體過程需要不斷的練習與觀念的澄清。蒙羅將出體練習分為兩個階段：一、意識清醒但身體熟睡；二、所有外在感官的感覺中斷，意識狀態可以同時擴張到非以五官感知的境界，純然啟用內在感官的功能。若你好奇靈魂出體可以到達什麼樣不同境界，還可以參考《終極旅程》這本出體探險家的靈界異聞錄，內容已經是蒙羅整合了對於生命存在意義的觀點。

這個過程最重要的前置作業，就是必須克服恐懼。當你意識轉變，可能會進入全然不熟悉的境地，若是恐懼障礙未能克服，就會像我那初次經驗一樣，立即中斷，甚至久久不敢再碰。恐懼，是個人成長過程中最大的文化束縛。總括一句，出體最重要的目的，就是證實我們的存在的確比肉體還要大！

不同形體投射的狀態

二〇〇九年七月，賽斯基金會首次邀請《30天學會靈魂出體》作者瑞克．史塔克（Rick Stack），到花蓮賽斯村帶領靈魂出體工作坊。作者當年是魯柏課堂上的常客，賽斯還說過滿喜歡這個學生呢！

瑞克在他的書裡，用淺顯易懂、條列分明的方式，講解靈魂出體的方法和過程。據他描述靈魂出體前的狀態，身體開始呈現像要入睡的感覺：「我可以注視著自己的身體入睡，並且清楚感知自己一步步即將進入睡夢中。」

自己的魂體從腿部開始移出形體，接著是全身相繼脫離。這個過程幾乎大同小異，也是重要的進入方式，只是，每個人不見得都是從腿部移出，可能身體會有漂浮、甚至向上拉扯的感覺，或是從頭頂被拉出去的感覺開始。

書中還記錄了他許多的出體經驗，而一個很中肯的提醒是：最好不要太累的時候做練習，因為容易睡著，而記不起過程和看見什麼。

關於出體，賽斯有很深入的分析：「我們出體經驗裡，通常是用某種身體形式，這是必要的偽裝，因為自我太熟悉並依賴身體的本體身分，所以，所謂的靈魂出體，就是使用這樣一種形體投射。」意思是，你看見出體的身體，也是偽裝的模式，而不是真正的形象。形體投射又可以分成三類：

1. 夢體

是我們最熟悉的一種，又稱為靈體或星光體（astral body），是做夢時用到的身體。當你用它時，會覺得它是實質的，但又能做到肉體通常無法做到的事，例如有限度的漂浮，但無法穿牆，也可以有限地感知過去、現在或未來。

在夢中，許多人都有漂浮或飛翔的夢，但沒多久，就會有墜落的感覺。夢境中的場景人物，也比較接近自我的經驗，離開得不夠遠。

2. 心智體

當你進入不同次元時，身體形式的能力會改變，實際上，它已經是不同的身體，形狀上仍像是實質的身體，但你能穿過實質的物質，能自由得多的浮升，可以在太陽系裡旅遊，但是不能走太遠。

這階段的感知增長了，意識範圍也加大了，這也是你和某人相約夢中見面時所用的形體。

曾經，我在夢中，有個長髮女人教我穿牆術，她示範給我看，瞬間就穿過一堵牆。接著要我照做，我的確穿過去了，但僅止於手臂——當

下一緊張，身體就卡住了。是個栩栩如生的夢，記得非常清楚，尤其手臂穿過去時的感覺；既然所有物質都是粒子組成，肉體也不例外，粒子之間有空隙，按理，應該肉身是可以穿過去的，可惜因為猶豫而中斷！

3. 投射形體

這是真正的投射，在這形體裡，可以超越太陽系，感知其他系統的過去、現在和未來。

有位學員，幾乎常常在夢中，都會和不同系統的生物（我們統稱外星人）會面，而她常常能帶回一些資訊。許多主題為第三類接觸的科幻電影，恐怕多是從夢中經歷，再透過靈感拍攝而成。

這三種形體，代表著不同的意識階段（請參考第六章睡眠的階段）。不同形體的投射不是規律的，可以由一種變成另一種，也可能由第一種直接進入第三種，但回來時，就必須逆向一層層通過。

肉身死亡，就是用夢體開始旅行的。

跟著夢體去旅行

賽斯在《夢與意識投射》書中談了非常精闢的投射觀念。綜觀這些論點，加上我帶著許多學員多年練習的心得，要經驗靈魂出體並不難，可先做好幾個事前準備：

1. 觀念的澄清

- 靈魂出體是安全的，無論你旅行到多遠，都能在一個指令下立即回到肉身。依魯柏的經驗，是有一條靈帶（astral cord）牽繫著，你一定回得來。
- 途中遇有任何不舒服或令你驚恐的事物，那多半是你內在恐懼投射的反應，所以必須事前有做信念的調整與釐清，相信你是安全的。一個念頭，就會立即回來，就像從夢中醒來一樣。也提醒自己，過程中的任何影像，只要像旁觀者觀察，增加辨識能力，才不會混亂。

2. 練習的時間

- 每個人都會在睡眠時經驗出體，就是夢體投射，意識已經在肉體之外。因為沒有牽涉自我，你常會醒來就忘記夢中經歷，直到你越來越熟悉這個過程，醒來的自己就會記得更多，所以平常練習記夢、練習在夢中醒過來很重要。

●嘗試在有點累又不太累時練習——不是睡覺時間，而是休息時間。在一種將睡未睡的感覺裡最容易出體，有點像輕度或中度的出神狀態，這時，意識比較清醒，但身體容易放鬆，也比較容易關照到內我的動靜。

●設定鬧鐘，在預設的時間中叫醒自己，也是一種安心的方式。

所有的夢經驗都和投射有關，而夢體投射、心智投射到形體投射，都牽涉到時間同時的現象，你可以在時間之流穿梭，甚至「可以捲入你即將發生的未來事件，而藉由你在投射中的一個行為，而改變了未來會採取的方向」。賽斯的時間觀本就迷人，而這段話說得更清楚了：「你會是被這來自過去旅遊的自己、改變了方向的那個你。」

過去和未來都是可以改變的，開始就是結束，當下的自己是個座標，透過夢中投射，或是出神時的投射，那將不是依照時間的序列，而是可以任意穿梭在時間的任何一點，而且這個投射是具有真實影響力的。無論投射到過去或未來，意念的轉變，就改變了原來以為的方向。在思考這些觀念的同時，若加上心理時間的練習，自我意識真的能夠因著廣闊現在的時間觀念而擴展，擴展之後的意識狀態，就更能幫助我們明白賽斯的教導。

電影《外星入侵》女主角常常有種進入輕度出神狀態的表情，那是內我正在感知超越時間各種心象時的意境，她原本就有預知未來的能力，在關鍵時刻，她未來和當下的自己攜手合作，互通訊息，而避開了戰爭。

你在我的夢中醒過來

有了這些概念之後，我開始很認真的記錄夢，練習在夢中醒過來，並且常常刻意讓意識游離，進入出神的狀態。其實，平日只要開放你的心，隨時留意內在的感受，就很容易接收來自內我的訊息。在賽斯資料的引導下，我更信任隨時保持覺知，既不會太關注物質又不會太出離，讓意識自由遊走於內在與外在的世界之間。

我們都是宇宙的遊子、時間的過客，當人一旦體會到肉體並非唯一的存在，真正的自由就開展了。

曾經，我在傍晚躺在床上休息時，突然我滑出肉體，站在床尾，同時有個聲音響起：「我出體了。」抱著遊戲好玩的心態，我心中一聲：「走到客廳！」我就立即站在客廳；一聲：「回來！」我又立即站在房間裡。我繼續發號施令，「走遠一點！」下一秒我已經站在客廳大門口，這時，我突然見到父親敲門走進來（我的意識很清楚，父親當年早已辭世，我只是看見，有一點點的驚喜）。就這樣來來回回好幾趟，我玩著一個小小出體的遊戲，就在一種失掉肉體感的狀態下，依然栩栩如生地感覺形體在動，直到被吵醒。這個過程也許只有十幾分鐘吧！

還有一次印象深刻的出體，是在美國紐約友人家中。因為時差，身體好累，腦袋卻很清楚。我躺在床上休息，無法入睡，就在半夢半醒的狀態下發現出體了，我走在許多人中間，空間感覺朦朦朧朧像罩層薄霧一般，這個景象很有趣，我可以穿過許多人，他們的身體是透明的，看不見我，而我卻清楚看見他們。

突然我看見一個熟識的朋友，我意識中出現：她正在台灣上班。醒來後，我聯絡朋友，得知那時間她正在睡覺。原來，我看見的也是她的投射形體，那麼，那群來來往往的人，都是投射出來的夢體吧！

生命從未消失，死亡不是結束

我從小就會在夢中和過世的親人見面，這引發我許多的問題和好奇心。

約莫小學一、二年級時，夢中有位已經過世的堂舅站在我家門外，他隔著紗門問我：「可以進來嗎？」在夢中，我清楚的知道他已經死了，但因為知道他很疼我，所以並不害怕，還轉頭問媽媽：「他可以進來嗎？」媽媽首肯了，同時間，他已經站在家裡面，笑嘻嘻的四處看

看，然後我就醒了。事後告訴媽媽，她說：「因為有門神，所以要主人同意才能進來。」（我媽也挺信這一套的。）

國中二年級的時候，和我坐在一起的女同學突然昏倒，就再也沒有醒來。事後得知是腦血管破裂，從來沒有徵兆，一倒下就走人，還真乾脆，不過她的家人一直很難接受。幾年之後，夢中，她站在我書桌前的窗外（我的房間在二樓），悠悠說著：「陳嘉珍，我好想妳，妳都忘記我了！」就在夜裡，好清晰，我幾乎不覺得是夢。

從此，我常常有意無意地想起她，在寫這段文字的同時，她的臉龐依舊清楚的出現腦海中。沒有恐懼，也許是思念，也許是我的靈感，情繫於這麼年輕說走就走的疑惑和遺憾裡，更加深我對生命意義的好奇。

我母親是家族裡唯一的女兒，我有很多舅舅。大舅獨身，過世時，我才國中，他曾在夢中跟我說，要大表姊給他燒錢，於是我醒來告訴媽媽這個夢，她很認真的立即轉告大表姊去做這事。二舅過世，我已成家，葬禮過後沒幾天，我夢中看見他跟在自己的喪葬隊伍後面，神情非常愉快。我立即轉告表姊們，讓她們感到很大的安慰。二舅生前是辛苦的人，養大四個孩子很不容易，而孩子們都算爭氣又孝順，喪禮中布置了很多鮮花，表姊們更是哭到心碎。二舅感知到她們的用心，會很欣慰的。但我覺得更大的實相是，靈魂一旦離開肉體，應該都是開心的；一場人生大戲終於落幕，像是功課完成後的滿意和輕鬆吧。

四舅的告別式上，那就更有趣了。當我跪在靈堂前，大家都哭得傷心欲絕，我卻突然一陣喜悅的感覺湧上心頭。我悄悄地抬眼看著靈堂，彷彿看見四舅自己就站在靈堂旁，正微笑看著他自己的告別式。說也奇怪，我跟四舅很少見面，但在他去世前半年，我開車帶著媽媽回鄉下老家，當時他也在；一日清晨，他邀我一起騎著單車四處繞繞，邊騎邊告訴我這個家鄉的二、三事，很自豪地說著，他負責將老家整頓得很好，出錢出力，沒有讓當年貧困的日子打倒，現在，兒子們事業有成，他很放心，口氣中充滿一種溫柔的驕傲。

難怪，我去參加四舅的告別式，儘管大家哭成一團，我卻自始至終都沉浸在愉快的心情裡，也感覺和他心有靈犀！

當年，我已經在陪伴許多癌友、主持樂活團體，期間，不知送走多少人。基於這些經驗，我得到一個結論，就是人往生後真的輕鬆自在又年輕，包括我自己的父親，也總是在夢中默默微笑看著我，既年輕又健康。

這讓我更相信靈魂的存在，人死後，並沒有真正消失，這也是我練習靈魂出體的動機。我曾告訴學員，練習靈魂出體的目的，就在有意識的感知，除了肉體的存在之外，還有一個永不滅絕的靈魂。看著書中的描述，不如自己練習和體會，我終於明白，靈魂出體不但擴展肉體的限制，也解開我從小對生命意義的疑惑，有了一種打從心底的安心。

第10個練習

靈魂出體

無論你有沒有出體的經驗，你都會出體！

不管你相不相信靈魂轉世，你都會轉世！

每天晚上的深沉睡眠，就是靈魂出體的時候，那是暫離肉身的休息時間。若非如此，靈魂只能在一個肉身小小的空間，就像肉身只能待在小小的房間中一樣，總會尋求外出，進入開闊的空間中，舒暢地呼吸！

練習靈魂出體之前，必須先整理心靈環境。這也是本書中一再強調的觀念。若對靈魂相關議題，仍充滿擔心怯意，那就是還沒有準備好。

所以，集中精神進行練習之前，得先學習營造一個適合靈魂出體的心理環境。

檢視自己對靈魂出體經驗的渴望程度，並且清除恐懼擔憂的種種心理障礙。

過去幾年帶著許多學員學習的經驗裡，從未遇到特殊情況。前置作業的充分準備，例如觀念的釐清、安全環境的設置、對於團體和引導者的信任，都是很重要的因素。

幾乎每個學員只要信任，幾乎在第一次練習都能進入全然放鬆的狀態。有些人可能睡著，有些人的確感覺到全然的放鬆但意識清醒，只有少數人會在初始的練習中感覺出體的經驗！

無論如何，出體練習的過程，至少可以學會全然的放鬆、信任與真正有品質的休息。而意識游離的狀態，讓你進入似睡非睡的階段，也會增加與肉身分離的有感經驗。

好的，現在找一處非常安靜且能讓你全然放鬆的地方，不會有人突然出現干擾。你可以舒服的坐著或躺下來，慢慢調整呼吸，直到進入非常放鬆的感覺，這時，像催眠似地告訴自己：

「靈魂出體是容易且安全的。我沒有受到任何的束縛。我可以輕鬆且自由的去任何我想去的地方。」

在練習前建立自我肯定的句子，增加出體的信心，以及自我暗示的引導，直到放鬆失掉身體的感覺，讓每個步驟都順其自然發生。

用著遊戲性的心態，體驗有意識的出體，以及完全自由的感覺。

Chapter 11

探索前世與來生

要取得歷史知識和（許多）身分的驗證，可以透過與前世打交道的層層潛意識……帶來的有效資訊；和偽裝世界之外的實相溝通，一定要經由兩世之間的那些分隔才能達成。在底部（可以這麼說），將會發現一層和種族傳承有關的潛意識，和人類模模糊糊的第一次具體化有關……不過這些所謂的潛意識，根本不是真的一層又一層，而是廣闊現在的一部分。全部前世、還有當下這一世，都是同時發生，但在意識層面上，是無法理解這個概念的。

我究竟是誰

天色漸漸昏暗，簷廊下，我和第一次見面的四美很快地就熟稔起來。那時，她的名氣很響，因為在基金會成立之初，許多人都聽過她運用賽斯心法的內在調整，治好了癌症。生病時，她家到處都有播放器，走到那兒，都能聽許添盛醫師的CD，算是密集安打，硬是將內心的負能量給釋放出來了。

此刻，站在我眼前這個充滿俠氣的女人，正侃侃而談，談她為什麼會生病，談她一點也不喜歡去承擔一個女性角色應盡的責任。在完全沒有預期之下，我突然看到疊在她身上模糊的身影，仔細一瞧，居然是個中國古代將軍模樣的人形，以為看走眼了，就在昏暗的街角，朦朦朧朧的，瀰漫著一種奇異的氛圍。

我脫口而出，將我眼中所見告訴她；說話的同時，也在她身上感受到一股英氣勃勃的能量。沒想到四美立即接話說，她以前最喜歡收集戰國時代的骨董，而且都是大型器具，像太師座椅之類，而玉珮，她向來是配戴在腰間。

這不像女人收藏古物多以裝飾為主的習性。這下子我知道自己不是眼花了！

如賽斯所言，在某個瞬間，轉世訊息和影像因焦點的游離，而在時空裡交錯出現，果然是可能的。

最有趣的是，第二天，她特別找出當年收集古物的照片給我看，果真都是含藏英氣的大件骨董，我立即聯想她坐在太師椅上發號施令的模樣。如今，她已將收藏全數脫手，一件不留。

我相信自己的確撞見了她的某個轉世，似乎解釋了此世她俠氣的個性跟不愛做女人的事物，全因那世當將軍的記憶太鮮明，於是，此世人格從潛意識不斷被這項人格特質影響。

據她說，所有家事都是先生下班回來做，洗衣、打掃，甚至煮飯，她幾乎不動手的，而她的病，表面上和媳婦角色有關，但試想，一個曾是發號施令的將軍，如何委身在婆婆先生之下聽命行事？

轉世選角一定有特定的學習課題。同一個課題，透過不同角色來面對，才能易地而處、感同身受。

每個人不只一個轉世，在潛意識裡，深藏各個轉世人格的影子。若加上強烈情感的牽繫，就會跨越時空，連結此世人格，成為很難發現根治的習氣，就說是業吧！萬般帶不走，唯有業隨身。這個業，就是情感能量，它帶著電磁波的特質，透過精神性的能量轉化，影響到此世。

然而，存有完整的轉世經驗，必須包括各種角色特質：男人和女人、強壯和羸弱、溫柔和剛硬、霸氣和臣服……達成男靈和女靈特質的平衡，當你對於生命各種情境和角色特質的發揮有了全面性的領受，意識才能提升到更高角度的視野，包容所有的對立面，於是，你的自我意識才能打開限制，看見更寬廣的自己，最終回歸存有，不再缺憾。

凡存在的現象，一定有其道理。滲漏出來的轉世人格特質，究竟要帶給此世人格什麼樣的意義呢？

幾乎每個追求靈性成長、亟欲找到並成為自己的女性，都會透出強烈男靈的特質，展現出獨立、行動力、有擔當、理性和攻擊性，包括我自己；有時，我覺得自己比許多男人還要有魄力、果決和勇氣。但因為

女性的角色，致使內在男靈能量被壓抑，產生許多情緒，造成情感能量被扭曲而生病。然而，轉世經驗的意義不只如此，背後蘊藏的深意，足以令人開悟解脫。

並不是要對抗這股能量，而是要學會整合；無論是什麼樣的性別角色，都不該過度進入而忘了內在的平衡。賽斯說過，首先你是個人，其次才是性別，而後才是你扮演的各種角色。「全人」的概念是完整的人，藉由不同性別和角色，代表著從不同觀點來學習人生百態，最終，要認出人類的天性是超越性別的。例如，同性戀的存在，就是從不同角度來學習感情關係中愛的真諦，它衝撞了傳統觀念，但絕對是重要的觀點之一。

單就衝破傳統習性的這種人生學習，就要進入輪迴多少遍呀！

都是因為愛

另一個類似經驗是這樣的。

靜坐剛結束，坐在我身旁的是一位護士，也是資深學員。當我轉頭看她的時候，竟然一幕幕電影般的情節出現在我的心象之中——戰場上，一位驍勇善戰的忠誠武將，卻被長官欺瞞陷害致死。當我順著感覺把影像說出來的同時，她立即告訴我，每次月事來時，幾乎都會血崩，非常嚴重，以至於她的血色素非常低，臉色常常死白。而當她看著大量鮮血的同時，心中總會立即浮現奇怪的感覺：「我一定曾經殺人無數，現在才會血流成河，報應啊！」

她的個子很高、很稱頭，但總是退縮卑微，和她的外型有些不搭。據她說，此生最痛恨的就是不誠實、欺瞞別人的人；每遇這種人，她總會義憤填膺，顯出和平常不一樣的力量。

這不就是習氣的延續嗎？多少解讀了她此世的個性特質！假如用想像力去接續此生的遭遇，那個殺人無數的武將，因強烈悔恨的情感能量，此生刻意隱藏自己的能力，選擇女性角色，好理所當然成為退縮的人，也因為害怕再犯錯，並帶著贖罪的心境，而刻意安排自己每月「血流成河」。

然而過度補償的心態，她此世發展出一個相當凸顯的特質：退縮自卑，老是責怪自己不夠好，同時深深覺得自己不值得被愛！明知習氣不好，卻拿自己沒辦法。

其實她另一面，是個具有相當智慧和能力的人，專注靈性追求，用心大量閱讀各種靈性書籍，彷彿有一種內在的動力，不斷催促著她去明白生命的意義，同時又用著贖罪般的心情，極力貶低自己，讓自己常常活在卑微的感覺裡。初次見她，以為害羞，其實是防備心重，不讓人靠近，怕被看見自己的錯誤，也覺得自己不值得被關心。這種心態，不但造成她每月的血崩，後來還得了乳癌，身體承受很大的情感傷害。

很多年了，因持續學習賽斯心法和靈性成長的課程，多少打開她的自我防備心。我漸漸在她身上看見，一個人對自己的看法，往往跟不上她真實的樣貌，原因都來自潛意識裡深藏的轉世習氣。這個看見，多少幫助她在面對乳癌時做性格上的調整，她開始學習信任自己值得被愛，卸下防備心、覺得自己沒有那麼糟糕的時候，心情就會輕鬆許多。

這個過程，讓她在此世吃足苦頭。然而，她對自己的心態和她的人生遭遇，是畫上等號嗎？

事實上，她的家庭和她的能力，都不是她對自己負面感覺的呈現。自己的感覺只是感覺，並不代表事實；就像擁有一千萬的人，也可以感覺自己匱乏而害怕沒錢。

修整習性，不就是人一再經歷轉世的重要原因嗎？

人格裡深藏的情感能量，轉化成此世理不清的壓力和隱晦的性格。每個人都有不明原因的情緒反應，在遇見某種情境之下的突然低落、憤怒、悲傷等等，理性頭腦告訴自己明明沒有遭遇什麼，日常生活平安無事，可是情緒就是來了、心頭就是不輕鬆。

對於轉世經驗的影響力，賽斯有著發人深省的解說，提供了非常不同的視野。在《早期課3》有個轉世故事，一對父子有著愛恨情仇、彼此折磨，原來兒子曾經因為不敢作證而害死了現在的父親，於是他深深懊悔，接著幾世，都選擇口吃或手臂殘疾，來補償自己的錯誤。而此世，藉由不斷忍受父親不合理的對待、卻始終無法離開的方式，加上口吃，來補償自己曾經犯的錯。此世的父親不知怎地，雖然愛兒子，卻無法控制的不斷想折磨他，於是父子之間糾葛的情感始終理不清。

後來，賽斯分析了隱藏在他們彼此潛意識中的轉世情結，說明父親是因為潛意識裡，是在報復曾經害死他的那個人而無法控制。賽斯最後提醒兒子：「你的補償已經夠了，可以離開父親的掌控折磨，去過自己的生活。」

真相大白，就是解脫的時候！

這段故事很令我動容。多少人內心始終帶著贖罪或補償的心態，在各種人際關係中互相折磨，特別是糾纏不清的親子關係，一種不知不覺過度補償的心態，讓人痛苦不堪。輔導個案時，太多案例都是為了修補從小父母的扭曲對待所產生的心理創傷。我甚至敢直言告訴個案，天底下十之八九都是有問題的父母，扭曲的人格沒有面對，自然影響下一代，而且那來自轉世的糾葛情結，化為此世無法言說的痛苦，從自我意識的局限觀點，又如何明白？

賽斯說，受苦是不必要的，除非受苦可以幫助你靈魂的提升！不是你不能去愛父母，而是要試著用探索的心態，釐清彼此之間的愛恨情仇所為何來；假如父母不能成為榜樣，也要學習找到他們對自己成長的幫助是什麼。所有的關係都是久別重逢，必有深意。

行文至此，我的心底悄悄浮現出對父母難分難捨的情結。自幼及長，我總是把他們的情緒、要求、期待擔在心上，處在一種想放下卻會陷入深深罪惡感的情緒裡，弟妹們卻不像我這樣的悲情。

倘若所有人際關係的結盟，都不是一生一世的糾結，那麼一再碰面的精心安排，恐怕就不是只為了贖罪、補償而已。那是寶貴的機會，好讓靈魂可以透過不同的角色，學習用不同的面向找到真正的解脫之道。我曾經對著患有嚴重憂鬱症的個案說，「你不敢去看媽媽並沒有錯，媽媽從你小時候就是精神疾患，她怒罵你的話，是要讓你必須開始學著如何走出陰影，長出勇氣，明辨真偽，成為自己，而不是一味的被恐嚇、不知所措。」

曾經自己也身陷這樣的迷思，甚至一把年紀了，仍常常不自覺地活

在害怕做不好、不完美的噩夢中。若能看穿每個挑戰背後的深意，就能理解一切都是因為愛！

所有的相遇都是久別重逢

賽斯描述魯柏、約瑟這一世，是他們的最後一世，其人身經驗已經完成。也就是說，各種增進存有豐富經驗的角色和學習課題已經完成，接著可以到其他實相繼續他們靈魂的探索之旅。

賽斯說過，開悟的經驗來自於整合了所有轉世的自己，存有的每個片段人格都被有意識的覺察且了解。

這種開悟的歷程，對於一個住進肉身、選定專注焦點的人格而言，多麼困難。認識此生的自己都已經是件浩大的工程，何況是所有轉世的自己？然而，每一世人生都有緊密的關係，我們從來都不是獨自面對此世的人生經歷，潛藏在各個不同層面潛意識裡的轉世人格之間，透過意識的流動，在夢中、出神的瞬間一瞥裡，從未停止進行交流，彼此間都有密切的影響力。

每個渴望明白人生意義的人，終有一天會在自我覺察、向內探索的過程中，逐步意識到轉世自己的故事，然後慢慢拼湊出一張存有的完整藍圖。所以，人生故事彷彿書中的一個章節，當你逐步完成各個章節的故事時，將會慢慢看見整本靈魂藍圖的訊息；也像拼圖，一片拼圖是一場人生，直到每片拼圖湊齊之後，才會看見完整的圖形究竟為何。

話說回來，我們又該如何連接其他的轉世經驗呢？

聯想：提供統一的心靈持續感

賽斯說，心理學家講的聯想，絕對是一個重要的心理特徵。然而，心理學家不了解的是，在深層的潛意識活動裡，聯想可能從潛伏在內我之中的前世知識和經驗冒出來。

「潛意識的最上層絕大多數包含當下的聯想，但在其中，混合交織著源自於別處的聯想。這些可以稱為自行統一的聯想，因為它們只是存在潛意識的最上層，就能提供統一的心靈持續感，可是，自我對此一無所知。一個個體在各個不同存在中的人格有基本相似之處，因此同樣性質的聯想很自然地就會產生。」

這段話的意思是指：聯想可以說是帶著轉世人格的訊息，因為你會這樣想而不是那樣想，多少也隱含著一種內在的指引。

用著遊戲的心態，去探索轉世的可能性。透過夢境、心理時間、深度的自我催眠或是在輕度出神中的瞥見，都是路徑；而自動書寫、靈應盤等方式，也可以提供參考。聯想和意願，往往可以帶來意想不到的訊息。

不過，所有轉世經驗的探索，都是提供參考，因為探索的目的是為當下此世的你（焦點人格）解決困惑，了解並面對你此世人格的挑戰，以及多樣豐富、不同面向的人格，如何整合並彼此合作。倘若只是單向且在時間序列中對號入座，就會失去探索的真正目的。

我喜歡賽斯對探索轉世經驗的態度。當我用著好奇冒險的心態，遊走在意識游離所能觸及的各種實相，遇見不同自己時的心情，是激動且安慰的，像是與家人久別重逢。隨著經驗的增加，一條透過內我而通往各個轉世人格的意識河流，越來越廣且深遠，幾乎可以觸及到初次當人的經驗中。

前述兩次看見別人的轉世經驗，竟然都是將軍之類驍勇善戰的人物，而此世轉為女兒身，體驗過去沒有專注的溫柔臣服與接納，在女性能量作用之下體會另一種人生。我現在的性格不也是如此嗎？我看見她們的轉世，同時也交錯著我的，我想，我一定曾經跟她們有過同袍之誼！

敲開種族的記憶

二〇一六年十月中，我去了北非的摩洛哥。

這是一個我之前從未想過的地方，覺得遙不可及而且陌生。但在很短的時間突然有了衝動，於是跟隨衝動就去了！直到進入如夢似幻的撒哈拉沙漠，心底有種隱隱的明白。

玫瑰色的沙子一望無際，騎著駱駝就著天光，這一幕並不陌生，而且非常自在——尤其是，到了沙漠裡一個小到令人容易遺忘的村落時。

還好我戴著墨鏡，遮住了我因黑人原住民的唱誦而止不住的眼淚！這是沙漠的另一邊，若沒有在地人安排，一般遊客不可能來到這地方。

我們這一團二十二人加上幾位法國人，擠在一間小小的黃土屋裡，聽著最撼動人心的原始歌聲。我不明白為什麼會感動至極，有一種深深的共鳴，打從心底被震盪出來。

手上狀似啞鈴的鐵器，不是樂器，而是當年黑奴的手銬腳鐐，渾厚低沉簡單的音符，反覆唱著對愛、和平和阿拉的頌讚。

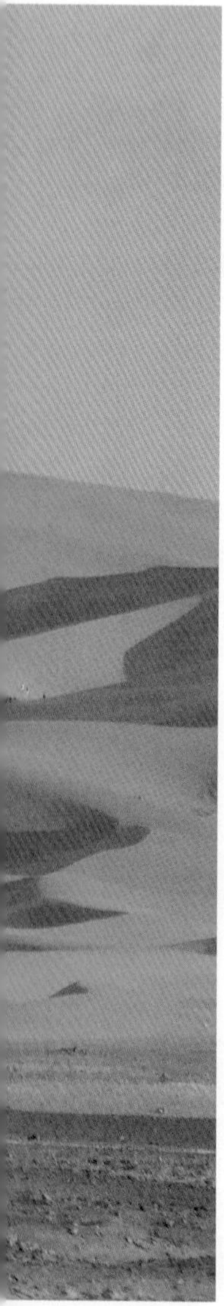

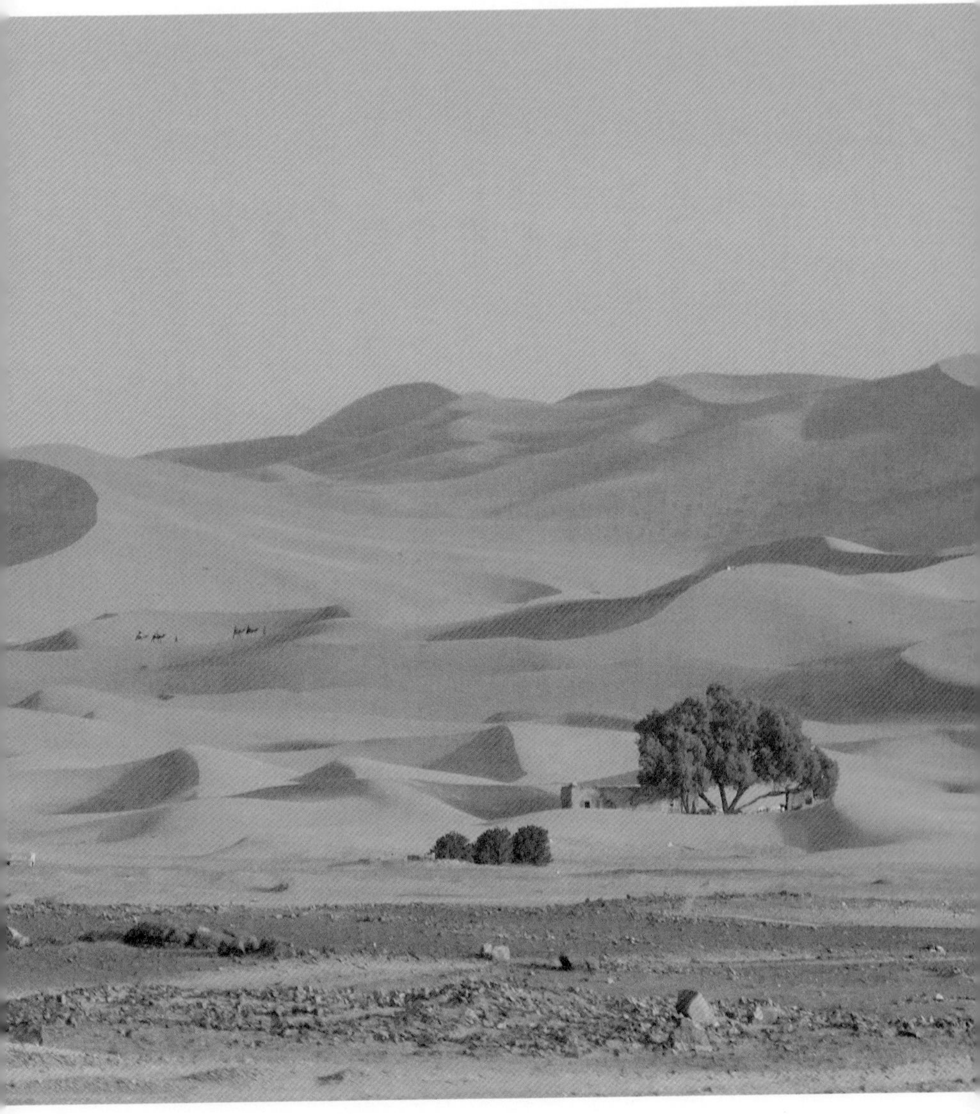

過去黑奴沒有自由，甚至原住民族群，都被外來的侵略者當成物品買賣和奴役，剝奪最基本人權：愛與自由！

心靈交會的瞬間，我相信自己曾經體驗過黑奴的生命歷程。那深深的共鳴就是最原初來到物質實相的早期經驗和記憶，那份對愛與自由的渴望，對生命源頭——一切萬有的記憶如此清晰，卻在文明發展、人類自我意識啟蒙之時，參與了所謂文明人的自私、掠奪與奴役其他生命的地球實驗劇。

生命的本質就是愛與自由，我的眼淚完全來自感受到被侵犯、被奴役的痛苦。生命是平等的，膚色絕不分貴賤，甚至同性、異性、雙性戀，都是愛的自然表現方式。誰能有權斷言同性戀是不正常的？誰又有權力利用戰爭來達到和平？只要傷害任何一個生命，都不可能達到真正的和平，狂熱分子的做法，才是破壞和平真正的元兇。

人類意識提升最重要的象徵就是：每一個生命都能在愛中獲得基本保障、尊重和自由。這趟沙漠之旅，我碰觸了潛意識深層有關種族的記憶，以及人格那一世失去愛與自由痛苦的轉世經驗！此世的我，仍然在成長過程中，不斷學著如何掙脫自我意識的種種習氣與觀念的枷鎖，學習愛與自由的真諦。

後來在一個比較進步的城市，遇見一列遊行隊伍，四周警力戒備，就在我拿起相機拍照的同時，立即有人刻意將訴求的牌子轉向我，上面寫的又是自由、尊嚴、社會正義！交會的瞬間，我的心頭又被震了一下！

我相信，人類終有一天會集體覺醒，意識真正提升成熟，每個生命都能享受無條件的愛人與被愛，彼此尊重，活出真正的自由與尊嚴。

這不就是靈魂不斷轉世的目的嗎？

當你決定要來地球的實驗場，就必須經驗一定數量的轉世，如此才能完整的體驗，包括失去自由與重獲自由的過程，靈魂意識同時獲得擴充與成長。

自我意識的發展成熟，象徵人類文明的進化過程，也許你我早就忘記生命初始的純真和自然天性。也許在我中年之後，漸漸體悟到，放下的文明包袱和執著越多，那來自靈魂深深的吶喊與單純原初的生命動力，逐漸被釋放出來了——就在接二連三的機緣之下！

轉世的學習意義

賽斯對於轉世有幾個重要觀點：

1. 交替的現在。轉世的生生世世的確就在交替的現在，你與你的轉世自己之間有經常的互動，轉世的自己並沒有離你太遠。

2. 你會被在某方面加強你這一生的那些前世所吸引。換言之，從你這一生不斷反覆出現的慣性或人格特質，多少都是你轉世人格較強烈的部分。假如這世的你特別有音樂才能，那麼你會不斷無意識的使用到某個具有音樂才能前世的知識和技能。如同前述四美的將軍個性特質，讓她這一世喜歡收集戰國時代的骨董，以及果決大方的個性。

3. 轉世的結構是個心理上的結構。強烈的情感能量才是連結轉世的關鍵，而不是名字、地點或身分角色……這些人生舞台上的基本背景，是內我並不在意的資料。所以，愛也好、恨也好，這情感的糾纏，不但讓你再次與相關人物重逢，也是此世必須面對化解的重點。

賽斯曾經當過好幾世黑人，出現在現今的衣索比亞，有一世則在土耳其，他也當過香料商人、教皇和生了很多孩子的妓女，而在那麼多轉世經驗中，他從未選擇當個了不起的角色，卻是著迷於關於父子、夫妻、朋友之間的感情經驗——這是賽斯在轉世方面，最令我感動覺悟的一段話。

靈魂來到這個物質實相輪迴轉世無數次，並不是只想體會成功、當個了不起的人物，而是要透過各種角色來經驗生命的感動。

事件會過去，但是深刻的情感經驗永留人心。

情感也是連結轉世人格重要的膠著劑，難怪賽斯如此強調感覺的重要。認識自己，最重要是透過情緒、感受、意圖、衝動和意願等種種心理活動。

轉世故事說不完，明白轉世的選擇和學習目的，才是靈魂不斷經歷轉世的真正意義。

第11個練習

超時空接觸

賽斯的教導，當下就是入口，透過有覺知的自己向內探索，進入心理時間，啟動內在感官的能力，在某種意識狀態下，或能與某世的自己驚鴻一瞥，甚至交流分享經驗。透過靈感，明白此世一直難以越過的關卡和執著。當你進入更深沉的冥想狀態，或許能觸碰某個和此生當下課題最有關係的轉世自己。

另一種方式，就是記錄夢境。夢境是所有轉世自己的交流之處，實相之間並無阻隔，時間空間都是當下，留意進入你意識覺察到的人物或情景，特別是當下引起的感受，在你將醒未醒時，重新回想，然後盡快記下來。

練習清醒夢，就是你知道自己在做夢，更能當下明白轉世的連結。而進入心理時間是練習清醒做夢的方法。在意識轉變的狀態中，只要你不是完全睡著，總會發現有個清醒的自己在一旁觀看著，它就是內在自我——掌管潛意識架構的指揮者。它完全可以知道內在的變化與發生，同時也揀選對你最有意義的象徵。

現在，引導自己放鬆下來，找一處安靜舒服的位置，透過想像，每個轉世自己的資料都存放在抽屜裡。想像一座有許多抽屜的書櫃，當你打開一個抽屜，就是打開一個轉世資料，像調閱檔案似的；保持覺知，留意出現的畫面。

所謂的阿卡西記錄（Akashic records），就是存放所有轉世資料的庫藏，它在超越時空的境地，彷佛心靈圖書館，和內我連結，是擷取資料的管道。

而這記錄的寶盒並不在遙遠的實相，而在當下你的內在。所以，安靜坐下來，和自己在一起，透過對此生更深刻的理解，一步步接近那看似遠在天邊、其實近在眼前的轉世自己。

Chapter 12
轉化人生就在此刻

賽斯曾在《靈魂永生》中提及，文明發展至今，出現的偉大「說法者」不到三十個，基督存有是一個，佛陀也是一個。這些說法者，他們沒有肉身時與有肉身時是一樣的活躍，基督存有在出現為所謂的人格之前，有過許多次的轉世，佛陀亦如是。說法者資料的原始來源，就是每個人本自具足、關於實相本質的內在知識，而說法者就是要保持這些資訊活在世間，不致讓人們埋沒或阻塞了它們。

說出來的內在祕密

《靈魂永生》是我接觸的第一本賽斯書，由於一位哲學系老師的介紹，開啟了我和賽斯的因緣。時隔近三十年，賽斯書一直是我生活中主要的讀物，若說每個人都是攜帶著本自具足的內在知識而來世間經歷，那麼，賽斯書無疑是我生命中一個重要開關，打開了內在知識之門，從此，內在訊息如浪潮一波波的湧上心頭。

這股振聾發聵的宇宙之音，常常撞擊著緊閉的腦殼，彷彿就要破裂般的教人既痛苦又欣喜。隨著生命的磨練和時間的流逝，往心底越走越深。焦點人格是心靈創造性能量的出口，不斷的向外擴張，汲取物質實相豐沛的經驗。而內在形形色色的人格，則是朝向沒有盡頭的心靈世界，搜尋那本就知道卻已遺忘的內在知識，就像孩子找尋回家之路一樣地迫切。

那時，幾乎一遇上人生疑惑，就會在翻閱賽斯書時找到答案！特別是跟著靈感，常會在下一頁跳出幾乎和我思考內容相同的文字。當年的我，直覺的知曉，這些概念一定是我早已知道的，否則為什麼有這麼巧合的事，彷彿我只是在印證而不是新手學習。也有可能是循著我強烈想要知道的意念，訊息越過閱讀的速度跳進腦中。當然，更有可能是熟悉賽斯資料的未來自己，傳送過來的領悟。

就連思考這樣的問題，都變得非常刺激有趣。

我開始感覺，自己碰觸到內在知識的肌膚；我相信自己早已知道整個宇宙的祕密，但是，如何知道「我知道」呢？

《與神對話》書中有句話：「你不是來學習的，而是去憶起。」若說宇宙的祕密是早已存在每個人之內的先天知識，賽斯就如同所有說法者，是試圖喚醒人類知曉「所有答案都在你心中」的點燈人，也是說出內在知識祕密的人；他們的責任，就是透過不同的說法方式，來指引不同種族、文化背景的人，找到屬於各自的回家道路。

嬰兒不是一張白紙，沒有一個人不知道自己的來處，只因選擇學習的主題不同，幾乎都要暫忘並封存所有關於宇宙人生的真相，直到在物質實相經驗的人格做好準備，並在一次又一次的挑戰裡，發現解決人生問題的方法永遠無法在外尋獲，於是，一種思鄉之情，一種難以言喻的孤獨感，開始莫名占據了現代人的內心，當外在世界越紛亂、越動盪不安，心靈覺醒的渴望就會更強烈。許多人並不清楚內在不安的真正原因，以為是生活中種種的不順遂造成；事實上，心靈從不停止擴張，企圖衝破越來越緊鎖、固執的自我意識防線，否則疾病、戰亂、天災就會成為心靈能量的出口。只有容許各種可能性的自我意識，才能打開局限的人生，出現轉機。

心靈覺醒，對於惶惶不安的人類而言，是唯一的解脫之道。

但是，什麼是心靈覺醒？要覺醒什麼？

故事就要結束，也同時開始

放眼這個世界，已經進入極大的轉變，從國家的政局到環境氣候的劇烈改變，乃至我的個人生命，都經歷了很大的震盪。這本書，我寫寫停停經歷了一整年，從二〇一六跨越到二〇一七，看著自己的人生經驗又轉了好多圈。就在起起伏伏的心境裡，我走過許多陌生又熟悉的地方：柬埔寨的吳哥窟，進入最貧窮卻有著最神祕歷史的古老建築裡感受存在；大雪紛飛的科羅拉多州和鹽湖城，在我最喜歡、最熟悉的雪白寂靜大地上感受存在；熱鬧喧嘩的廣州、蘇州、馬來西亞、香港、新加

坡，透過上課分享來感受存在。而第一次踏上北非摩洛哥，就在無垠純淨的撒哈拉沙漠裡，連結了一股原始的生命力，我感受到強而有力卻最單純的存在！

我跟隨著內在的衝動，馬不停蹄地四處搜尋自以為遺落多時的靈魂碎片，彷彿為了去撿拾一片片散落的轉世記憶；然而，我在二〇一七年初完成此書時，觀照到自己的心終於真正安靜下來了。自我意識也感受到回家的路，其實不在外面，而是一條向內的道路。向外追尋的終極目的，竟然就是找尋回歸內在的道路。賽斯以及所有靈性資料都是這麼說，但是我們來世一遭，可沒有那麼容易就願意臣服在這樣簡單的道理上！

回家的道路就在內心裡，卻讓人花上無數轉世的追尋才能找到。

多年前，我從美國雪士達山的回程路上，經過紅木森林，直覺的想停留下來，就在同行友人們打著皮鼓、高聲唱著天語時，我竟然忍不住地跟著唱出自己從來沒有唱過的音符，同時，心輪竟然「啵」的一聲打開了。我「看見」在群木的樹梢連著天際，出現一條金光閃閃的蜿蜒道路，直到天邊；而道路兩旁，竟然是一大群碩大頭像的印地安人，彷彿列隊歡迎說著：「回家的路近了！」同行有位像印地安酋長的友人，完全印證我的感覺和看見。上車後，就在筆直公路的前方，兩條彩虹並列天空，非常動人。

這又是一個難忘的經歷。於是，我將這兩次心象，製成賽斯基金會形象牆的圖案，剛好符合了基金會的精神：「賽斯引領每一個人回到心靈的故鄉！」

人的一生，是由外而內的一段旅程，不是用時間來衡量，卻是用生命經驗不斷深化後的價值完成累積的心靈厚度來衡量的。其實，就連衡量二字也是俗話。

繞了地球一大圈，所有旅程中的點滴，濃縮成情感的張力，不是去過哪些地方，也不在轉世當過的角色成就，不是靈通能力的稀奇，更不是此世的功成名就或失敗頹唐，而是，每一個事件所衝擊出來的情感能量，才是生命品質與價值完成的關鍵，是它，才令活著這件事有了真正意義！

人類的能量場域，是思想、情感、信念、意圖的融合形成，物質世界的一切是能量場顯化的結果。

我的人生故事將結束在「向外的旅程」，而故事的新開始，隨著心靈逐漸甦醒，我意識到，該放下過去自認為很重要的靈修，以及不斷想把自己剪裁成有用、受歡迎、符合社會價值的努力，回歸原始的自然人狀態，學習並接納此世所選擇成為的那個人。

是的，我要「好好重新做人」！

好好做人，好好生活

有位哲學家說：「這個世界只繫乎於一、二個簡單的道理。」這是我國中時的座右銘。而我對人生也真的只有簡單的想法，參透一兩句大師箴言，往往比讀萬卷書來得有用。

賽斯名言「你創造你的實相」，七個字，夠簡單吧！卻讓人窮究多少生生世世。走過千山萬水，讀過一本又一本的資料書籍，經歷一個又一個的大師名流，並在宗教的洗禮中尋找真理，甚至追求靈修而放棄世俗，一心求道。

許許多多求道之人，卻不懂得怎麼當一個真正的人。包括我自己，一心想成為理想中的那個人：一個寬宏大量、和顏悅色、守禮本分、同理溫暖、形象高尚、表現優異……卻失去自然人天性的「假人」，那是漸漸將情感封鎖、避免情緒擾動的無感之人。賽斯說：

「壓抑攻擊性能量的人，才是會使暴力的人。」

「對你自己情緒恐懼的人，比它們的表達能造成大得多的傷害，因為這個恐懼的強度會累積越多，而接著強化了恐懼背後的能量。」

「除非你欣賞你的生物屬性，否則

無法欣賞你的靈性；除非你接受你的獸性，否則你看不到你的神性。」

這幾句簡單的提醒，是人們必須不斷學習的極深智慧。人性中的貪嗔癡慢疑，構築了精采人生，但賽斯說，我們來到世間不為功成名就，而是為了人生中最珍貴的情感經驗。所以賽斯提及他的轉世：「我從未選擇扮演任何崇高的歷史人物，卻對日常生活家常的親密細節——正常的為成功奮鬥、對愛的需要——變得很有經驗。我知道父親對兒子、兒子對父親、丈夫對妻子、妻子對丈夫的無法言宣的渴望，而一頭栽入親密的人際關係網中。」（《靈魂永生》）

這段話深深打動我心，將我從自以為應該的至高追求中解脫出來。

修行就在行住坐臥中，你最親密的關係人，就是你這世最重要修行的對象，透過不同人格的人際關係網絡，在彼此互動中，從對方身上、發生的每一件事上，看見自己獨特的存在。信念創造實相，你眼中所見、心中所感，都是你想要的經驗，一個淡而無味的成功人生並不吸引靈魂，因感受、情感、情緒串聯出來的糾葛與試著解脫的努力，才是一場驚心動魄、令人回味無窮的生命。

求好求對、求功名利祿並沒有不對，真正的意義卻不是這些表面上的成就，而是在過程中體驗的諸般滋味。

滋味啊滋味！生命的滋味牽繫在多變、無法確定的無常中。然而無常，不是軟弱的遷就無奈，而是創造力展現的機會；因為無常，所以有了可能性，沒有一個現象是突然出現的。因為你想要體驗，所以你體驗了。

多麼令人感到解脫啊！就像航行在物質世間種種價值觀的迷霧裡，終於撥雲見日，那是內我原本清朗的狀態，假如你相信自己的本質既善良又完美，那麼派出的有缺憾人格，就是要從限制中體驗完整的生命。

好好做人，珍惜人生經驗中的每一個過程。

好好做人，做一個敢愛、敢恨、敢表達，並盡興活著的人。

不是做好人，而是做一個活生生、跟隨內在衝動欲望及情緒感受的人，聽從內我給予的指引大膽跨出去，跳下那曾經令你卻步害怕的關係泥淖，走出令你食之無味、棄之可惜的工作，以及無力無感的生活。

不求好而求盡興，不求對而跟隨感受，做一個有血有肉的真人……

這樣豪邁的人生觀，起初嚇壞了我，如今卻是人生的追求與學習。

醒過來的時刻到了

一個微寒的下午，和一位肺腺癌移轉到腦的個案談話，他曾是事業有成的公司主管，如今卻是整天無所事事等著治療、等著下一次疼痛來襲的無聊之人。他說，得知一位老同事在過年前被降了兩級，仍留在部門裡，他為對方感到難過。言下之意是為自己提早退職而慶幸：「我就是預知可能會有這一天，所以提早退出。」

然而，他沒想到自己是用生病為理由，避開預設的失敗。一個不服輸的自己和覺得自己不夠好的內在壓力，自我意識於是用生病來保住面

子，但內心始終覺得自己是個失敗之人的悲傷，和始終覺得做不好的低落情緒，卻從未離開。

他的頭經常痛著。醫學治療彷彿很有效的將腫瘤控制住，幾乎消失了，但是，頭痛的原因一直找不出來。

在一般的經驗裡，頭痛常常是沒有原因的。但是賽斯說：

「你的身體是意念活生生的具體化，你的意念活在你的手肘、膝蓋和腳趾裡（當然也活在你身體的每個器官裡），身體就是化作肉體的心靈。」「你們對自己的思想熟悉程度，實際上比你自己想像的要差了一大截。這些思想就像水，常常從緊閉的指縫中溜走一樣的逃過你的注意，它們裡面帶有足以滋養你整個心靈的養分，同時還太常帶有足以淤塞住經驗與創造力等管道的爛泥與殘渣。」

頭痛，是什麼意念引起？肺腺癌，是什麼意念的具體化……醒過來的時刻到了，心靈覺醒不是修行人的專利，它不在廟堂和教會裡，也不在大師的口裡與書中，它是活生生在你每一刻正在發生經驗的創造過程裡。創造你的實相、經驗你的實相、改變你的實相！

這位肺腺癌的個案，還有我曾經輔導過的無數個案，他們都是我的生命共同體，他們沒有在我之外，每一句對話，都直直打進我心。覺察是同時在進行，不是只有他在生病，我們一起經驗意念創造的過程。

我內心深處，難道不也是一直擔憂失敗、覺得自己不夠好，而努力將自己裝扮成表面堅強的人？

他是我的另一個自己，是整個宇宙心靈的一分子，和我同享生命的愛與慈悲，也共同經驗創造力的魔法。那些仍然和我在肉身經驗交流的人，以及已經轉換肉身經驗活在我記憶中的人，都是構築我這一生以及生生世世不同人生的細胞，我就是世界的肉身、宇宙的代表。

在冥想中，每個細胞都在閃閃發光中與眾生合為一體，身體的界線隨著意識的擴展而消失，所有的界線都不存在，所有的意念都被解放成為自己重獲自由，再繼續擴大，還原成意念本身而不再有任何形體！

你就是真理，發現你自己

過完農曆年，寒流才真正的發威。二月初經歷了幾天難得的寒流，我心底是雀躍的，季節就該有春夏秋冬、溫暖冷冽的變化，不是嗎？所有訊息都在預告這波寒流的威力，以致許多人都不知不覺被催眠：要小心感冒。於是，心裡開始無意識的接收「很冷容易感冒」的暗示，不知不覺開始擔憂防備在先。

我們接收太多別人丟出來的二手信念和暗示，然後無意識的反映這些信念，形成實相。

說一百萬遍也不嫌多，你的人生由你一手創造。許多既定現象看似無法改變，但絕對可以改變並努力的是：「改變對這現象的想法，形成不同的感受。」

關鍵就是，感受不同，就會同時形成不同的人生實相！

真理如此簡單。真理是由你來定義，透過你的信念和人生的感受。

這個年，我乖乖地待在家中，因為有寫書的壓力，於是一坐桌前，

發現從脖子延伸到坐骨都非常僵硬痠麻，後來，我甚至站著看書和打字。窗外的陽光多麼亮麗，新年啊！於是，痠痛更劇烈了。結果，只要我一走到戶外，爬山閒逛，痠痛都會消失，一回到座位上，這些症狀立即出現。

好，意念活在我的脖子、背脊裡，痠痛是內心未被面對的情緒感受，已經浮現到表面了。於是，我開始靜下來自我觀照，除了表層原因，假期應該無所事事而我卻掛心有事沒做的矛盾情結，產生身體反應。走進一點卻發現，我一直在擔心寫不好的隱憂中；再進入一點，我看見自己從小就被要求表現要好，這樣父母才不會分離。於是，表現越好，就越怕自己不夠好。但真正深層的原因，來自害怕分離與擔憂不被愛，沒有安全感。這樣的心理情結，慢慢形成長大之後的壓抑與隱憂。

順著覺察，我開始對著我的脖子、背脊和坐骨說話：

「沒關係，放輕鬆，做不好也不是世界末日。釋放擔憂，進入我是被愛著的感覺中，他們愛我，不是因為我的表現，而是我這個人……」

想像壓力和負面情緒像裊裊輕煙，開始從背脊裡飄出來，也像開汽水，

「嗞」的一聲化解了。「我真的很棒，我就是我自己……」前後不到幾分鐘，真的感覺鬆脫許多。

這之後，我在坐不住的時候出外逛逛，上山走走，靜心觀照自己的感覺。這個過程不是一兩天，而是持續的觀照，至少，我已經覺知到痠痛的原因，接著就要常常提醒自己。

幾十年的積習並非短時間能解決，心靈覺醒，即是看見一切答案就在心中。解鈴還須繫鈴人，回顧過往，我用著像烏龜一樣的速度慢慢體會人生，面對各種問題。我不是特別聰明的人，也沒有什麼了不起的學經歷，卻是以配合自己特質的速度匍匐前行。但，誰不是這樣呢？誰快誰慢，又落入比較。生命的體悟，完全是個人的內心戲，沒什麼了不起的道理。心靈覺醒，就是好好做人、好好生活、好好認識自己。

第12個練習

心靈覺醒

走完這一生，最終，還是會還原靈魂最原初的狀態！從全我的觀點，你沒有活在過去、現在和未來，你就活在全我的此刻！所有戲劇同時上演，導演兼編劇是不會錯亂的。他派出去的每一部分，擔任不同戲劇的人格、主角，都會全心投入他那齣精心製播的戲劇。

這場戲劇就要落幕，另一場戲同時誕生。終有一天，派出去的人格會了解全我偉大而完整的計畫。這時，你關注此世的焦點人格意識會擴展，終於認出你散落各時空的人格，彼此相連互相影響；你的覺醒，也帶動其他人格的覺醒。回家的路近在眼前，那是人格回到全我的團圓之日。

現在就安靜下來，進入你的內在空間，想像一條金光燦爛的大道，鋪展在你的眼前。你完全的信任，輕鬆而歡喜的走在這條路上。

你感覺所有至親的家人都在列隊歡迎你回家。那個你經過無數輪迴轉世、始終駐紮在心中的家，終於大放光明的在你眼前。

你漸漸感覺到，每一個毛細孔都透出燦爛的金光。你感覺肉身不存在了，感覺自己不斷在無限擴展中。最終，你整個人化為燦爛的金光。

因為，你就是光、就是愛、就是一切萬有！

〈後記〉
心心相印

陳嘉珍

很多很多年前，我問一位靈修的朋友，如何找到真愛？

他當年的回答，我一直無法明白。真愛，不就是一定要有個相應的對象嗎？就像許多年輕女孩一樣，我也不斷地在心中勾勒真愛的對象，是個如何如何如何的人。

他是這樣說的，整個宇宙都是你的真愛：花草蟲魚、巨石藍天、輕風驟雨，都是你的真愛；親人好友、陌生知己，以及錯身而過的每個人，也都是你的真愛。

當時聽了，心底有點生氣，說跟沒說一樣。那個人、那個人，在哪裡呀？

時隔數十寒暑，我經歷過生活中的許多風浪，也算對人生有些閱歷。再回味他當年的提點，我終於有些感悟，那個會來到你身邊、無論是善緣或逆緣的人，都是靈魂藍圖精心安排的相遇。糾葛的情感功課沒有了結，愛也好，恨也好，都是一個學習面對的機會。直到有一天，自我意識漸漸願意放下執著，明白並且臣服內我的帶領，逐一尋出許許多多轉世的自己，揭開複雜又縝密的人際關係時，你將赫然發現，此世苦苦愛戀的人，曾經是你的死對頭；那錯身而過的人，卻是你已完成彼此課題的人，不用再相見，不需再糾纏！

難怪賽斯要說：「當你整合了所有轉世的自己，就是你結束輪迴的時刻。」

我喜歡仰望天空，常常不自主地望進深不見底的湛藍，那種無邊無際的擴張感、沒有界線的融合感，竟與我閉上雙目、向內關照時一樣的既深且廣，而又神祕。

生命是一首奧祕之歌！活至今日所遭遇的諸般遺憾，我依舊無法全然釋懷。但我卻漸漸明白當年他說的話。

愛，不是圈限在一個人身上；愛，因著人生一步步的學習與經驗，就像漣漪般地向外擴散，慢慢會碰撞連結每個轉世自己的漣漪，於是，從一個小池塘擴張到無邊的大海，最終融合在一起，再無分別，那就是生命最奧祕的愛，包容一切。小至人間的愛恨情仇，大至悲天憫人的胸懷，全都是愛的面貌與展現。深情摯愛無分大小，都是靈魂的選擇與面對；愛也好，恨也好，遺憾也好，都是自我與內我的心相互映照所產生的故事情節，於是，就在心心相印的震盪中，展開一生的追尋。我們內心都明白，只是不願臣服。

故事終了，新的故事同時誕生。我期許自己繼續去學習明白：

心心相印，就是你的心和萬物的心無有分別。

心心相印，就是自我和內我的心共鳴共振。

心心相印，就是你的心和每個人的心相互映照。

你就是活在一個與你的心相互映照的大千世界裡！

像無數次早晨醒來一樣的一天，我在靜心中，突然看見「心心相印」四個字，於是以此為書名，記一個早晨的「相印」。

愛的推廣辦法

看完這本書，是否激盪出您內心世界的漣漪？

如果您喜歡我們的出版品，願意贊助給更多朋友們閱讀，下列方式建議給您：

1.訂購出版品：如果您願意訂購一千本（印刷的最低印量）以上，我們將很樂意以商品「愛的推廣價」（原售價之65折）回饋給您。

2.贊助行銷推廣費用：如果您認同賽斯文化的理念，願意贊助行銷推廣費用支持我們經營事業，金額達萬元以上者，我們將在下一本新書另闢專頁，標上您的大名以示感謝（每達一萬元以一名稱為限）。

請連絡賽斯文化或財團法人新時代賽斯教育基金會各地分處，我們將盡快為您處理。

●愛的連絡處

如果您認同本書的觀念及內容，想要接受我們的協助；如果您十分認同本書的理念，想依循本書的觀念成為一位助人者的角色；如果您樂見本書理念的推廣，而願意提供精神及實質的協助；請與財團法人新時代賽斯教育基金會各地分處連繫：

●台中總會　陳嘉珍　電話：04-22364612
E-mail: natseth337@gmail.com
台中市北區崇德路一段六三一號A棟十樓之一

●董事長新店服務處　馬心怡　電話：02-22197211　傳真：02-22197211
E-mail: sethxindian@gmail.com
新北市新店區中央五街五一號

●台北辦事處　尤思佳　電話：02-25420855
E-mail: seth.banciao@gmail.com
台北市中山區長安東路二段四十九號六樓

●三鶯辦事處　陳志成　電話：02-26791780, 0988105054
E-mail: sanyin80@gmail.com
新北市鶯歌區文化路二一四號

●嘉義辦事處　趙烱霖　電話：05-2754886
E-mail: new1118@gmail.com
嘉義市民權路九〇號二樓

●台南辦事處　關倩芝　電話：06-2134563
E-mail: sethfamily1@hotmail.com
台南市中西區開山路二四五號十樓

●高雄辦事處　嚴照恩　電話：07-5509312　傳真：07-5509313
E-mail: ksethnewage@gmail.com
高雄市左營區明華一路二二一號四樓

●屏東辦事處　羅那　電話：08-7212028　傳真：08-7214703
E-mail: sethpintong@gmail.com
屏東市廣東路一二〇巷二號

●賽斯村　陳紫涵　電話：03-8764797　傳真：03-8764317
E-mail: sethvillage@gmail.com
花蓮縣鳳林鎮鳳凰路三〇〇號

●賽斯TV　林憶葭　電話：02-28559060
E-mail: sethwebtv@gmail.com
新北市三重區三德街二九號

●香港聯絡處　董潔珊　電話：009-852-2398-9810
E-mail: seth_sda@yahoo.com.hk
香港九龍旺角花園街一二一號利興大樓5字樓D室

●深圳市麥田心靈文化產業有限公司　許添盛微信訂閱號：SETH-CN　微信：chinaseth　電話：86-15712153855

●美國科羅拉多丹佛讀書會　謝麗玉　電話：303-625-9102　E-mail: lihyuh47@gmail.com

●美國紐約讀書會　Peggy Wu　電話：718-878-5185　E-mail: healingseeds@yahoo.com

●美國華盛頓讀書會　許翠蘭　電話：301-540-5285　E-mail: lanhsu@gmail.com

●加拿大多倫多讀書會　Petrus Tung　電話：416-938-3433　E-mail: babygod65@gmail.com

●加拿大溫哥華讀書會　Andy Loh　E-mail: adcnr.info@gmail.com

●台灣身心靈全人健康醫學學會　林娉如　電話：02-22193379　傳真：02-22197106
E-mail: tshm2075@gmail.com
新北市新店區中央七街二六號四樓

百萬CD
千萬愛心

請加入賽斯文化　百萬CD推廣行列

自2006年10月啟動「百萬CD，千萬愛心」專案至今，CD發行數量已近百萬片。這一系列百萬CD，由許添盛醫師主講，旨在推廣「賽斯身心靈整體健康觀」，所造成的影響極其深遠。來自香港、馬來西亞、美國、加拿大、台灣等地的贊助者，協助印製「百萬CD」，熱情參與的程度，如同蝴蝶效應一般，將賽斯心法送到全世界各個不同角落——隨著百萬CD傳遞出去的愛心與支持力量，豈止千萬？賽斯文化於2008年1月起，加入印製「百萬CD」的行列。若您願意支持賽斯文化印製CD，請加入我們的贊助推廣計畫！

百萬CD目錄＞（共九輯，更多許醫師精彩演説將陸續發行）

1 創造健康喜悅的身心靈
2 化解生命的無力感
3 身心失調的心靈妙方（台語版）
4 情緒的真面目
5 人生大戲，出入自在
6 啟動男人的心靈成長
7 許你一個心安
8 老年也是黃金歲月
9 用心醫病

贊助辦法＞

在廠商的支持下，百萬CD以優於市場的價格來製作，每片製作成本10元，單次發印量為1000片。若您贊助1000片，可選擇將大名印在CD圖標上；不足1000片者，也能與其他贊助者湊齊1000片後發印，當然，大名亦可共同印在CD圖標上。

1 每1000片，贊助費用10000元，沒有上限。
2 每500片，贊助費用5000元。
3 每300片，贊助費用3000元。
4 每200片，贊助費用2000元。
5 小額贊助，同樣感謝。

您的贊助金額，請匯入以下帳戶，並註明「贊助百萬CD」，賽斯文化將為您開立發票。
戶名：賽斯文化事業有限公司
郵局劃撥帳號：50044421
銀行帳號：台北富邦銀行
ATM代碼012　380-1020-88295

依爾達家族
ILDA FAMILY

你。就。是。依爾達

About 依爾達

隸屬於九大意識家族中的一支

依爾達是由「交換者」組成，
主要從事概念、產品、社會與政治觀念之交換與交流的偉大遊戲。
他們是種子的攜帶者。

他們是旅行家，把他們的想法由一個國家帶到另一個。
他們是探險家、商人、士兵、傳教士及水手。
他們常常是改革運動的成員。

他們是概念的散播者及同化者，他們在各處出現。
他們是一群活潑、多話、有想像力而通常可親的人。
他們對事情的外貌、社會的習俗、市場、目前流行的宗教
或政治理念有興趣，他們將之由一處散播到另外一處。

——摘自賽斯書《未知的實相》

愛，愈分享愈多；生命，愈分享愈廣闊

「依爾達計畫」本著回饋和照顧支持者的心，
希望邀請對賽斯思想和身心靈健康觀有高度熱忱的朋友，
共同加入推廣員的行列，成為「依爾達」計畫的一份子。
傳遞你的感動、分享你心靈成長與生命故事，同時豐富自己的內在與物質生活。
現在，就拿起電話加入依爾達計畫：(02)2219-0400 依爾達小組

賽斯文化 特約點

台北	佛化人生	台北市羅斯福路3段325號6樓之4	02-23632489
	政大書城台大店	台北市羅斯福路三段301號B1	02-33653118
	水準書局	台北市浦城街1號	02-23645726
中壢	墊腳石中壢店	桃園縣中壢市中正路89號	03-4228851
台中	唯讀書局	台中市北區館前路5號	04-23282380
斗六	新世紀書局	雲林縣斗六市慶生路91號	05-5326207
嘉義	鴻圖書店	嘉義市中山路370號	05-2232080
台南	金典書局	台南市前鋒路143號	06-2742711 ext13
高雄	明儀圖書	高雄市三民區明福街2號	07-3435387
	鳳山大書城	高雄縣鳳山市中山路138號B1	07-7432143
	青年書局	高雄市青年一路141號	07-3324910

依爾達 特約點

台北	賽斯花園5號出口	台北捷運南港展覽館站五號出口	02-26515521
桃園	大湳鴻安藥局	桃園縣八德市介壽路二段368號	03-3669908
	新時代賽斯中壢中心	桃園縣平鎮市中正三路186號	03-4365026
	彭春櫻讀書會	桃園縣楊梅市金山街131號7樓	0919-191494
新竹	新竹曼君的店	新竹市東南街96巷46號	035-255003
	玩家家	新竹縣竹北市隘口一街157號1樓	0937-696141
	光之翼賽斯竹東中心	新竹縣竹東鎮大林路155號	03-5102851
台中	賽斯興大讀書會	台中市永南街81號	0932-966251
	心能源社區讀書會	台中市北屯區九龍街85號	0911-662345
	賽斯沙鹿花園	台中市沙鹿區向上路六段762號	04-26522209
彰化	欣蓮欣香香鍋	彰化大村鄉福興村學府路32號	0912-541881
南投	馬冠中診所	南投市復興路84號	049-2202833
台南	賽斯生活花園	台南市安南區慈安路205號	06-2560226
高雄	天然園	高雄市林園區林園北路264號	07-6450406
	大崗山推廣中心	高雄市阿蓮區崗山村1號	07-6331187
	新時代賽斯鼓山推廣中心	高雄市鼓山區裕興路145號	07-5526464
台東	新時代賽斯台東中心	台東市廣東路252號	0933-626529
美國	北加州賽斯人	sethbayareagroup@gmail.com	
馬來西亞	賽斯學苑	sethlgm@gmail.com	009-60122507384
	心灵伴侶	soulmates.my@gmail.com	009-60175570800
	賽斯舞台	mayahoe@live.com.my	009-60137708111
	檳城賽斯推廣中心	SethPenang@gmail.com	009-60194722938
新加坡	LALOLN	elysia.teo@laloln.com	009-6591478972
大陸	廈門發現白光賽斯生活館	1350265717@qq.com	0592-5161739
	江蘇無錫讀書會	wangxywx@126.com	13952475572

賽斯文化

想完整閱讀賽斯文化的書籍嗎？
以上地點有我們全書系出版品喔！

心靈的殿堂 賽斯學院
需要您慷慨解囊 一起播下愛的種子

賽斯鼓勵每一個人都應該去建立內在的「心靈城市」...

賽斯村就是賽斯家族內在的「心靈城市」，就是心中的桃花源，就是我們心靈的故鄉。

在這裡沒有批判，沒有競爭，沒有比較，充滿智慧，每個生病的人來到這裡就能得以療癒，每個失去快樂的人來到這裡就能重獲喜悅，每個生命困頓的人來到這裡就能找到內在的力量，重新創造健康、富足、喜悅、平安的生命品質。

「賽斯村-賽斯學院」由蔡百祐先生捐贈，從心中藍圖到落實為一磚一瓦的具體建築，民國103年第一期工程「魯柏館」及「約瑟館」終於竣工；在這段篳路藍縷的興建過程中，非常感謝長久以來各方的贊助與支持，「賽斯學院的建設計畫」才能順利進行。

第二期工程「賽斯大講堂」即將動工，預估工程款約三仟萬，期盼您的持續贊助與支持~~竭誠感謝您的捐款，將能幫助更多身心困頓的人找回生命的力量！

服務項目

◎住宿 ◎露營 ◎簡餐 ◎下午茶 ◎身心靈整體健康觀講座 ◎身心靈成長工作坊 ◎賽斯資料課程及讀書會 ◎個別心靈對話 ◎全球視訊課程連線 ◎企業團體教育訓練 ◎社會服務

捐款方式

一、匯款帳號：006-03-500435-0　銀行：國泰世華銀行 台中分行
　　戶名：財團法人新時代賽斯教育基金會

二、凡捐款三仟元以上，即贈送「賽斯家族會員卡」一張，以茲感謝。
（持賽斯家族卡至賽斯村住宿及在基金會各分處購買書籍書、CD皆享有優惠）

地址：花蓮縣鳳林鎮鳳凰路300號　電話：(03)8764-797
http：//www.sethvillage.org.tw　Mail：sethvillage@gmail.com

遇見賽斯 改變一生

心靈魔法學校 -賽斯教育中心啟建計劃

我們要蓋一所

心靈魔法學校囉！

每個人都有不可思議的心靈力量，無分性別與年紀。啟動心靈力量，可以幫助人們自幼及長，發揮潛能，實現個人價值，提升生命品質，明白我們都是來地球出差、旅遊、學習、考察兼玩耍的實習神明！

理想

賽斯心靈魔法學校，是基金會實踐心靈教育的具體呈現，整合十幾年來推廣賽斯心法的經驗，精心設計一套完整的人生學習計畫，從入胎、誕生至臨終，象徵人類意識提升的過程。讓賽斯引領每一個人回到心靈的故鄉。

現址

只要每個人一點點的心力，就能共同創造培育『心靈』與『物質』同時豐盛的魔法學校。

第一期建設經費預估四千萬，懇請支持贊助。

賽斯教育中心預定地，設置在台中潭子區，佔地167坪

弘文中學旁邊(中山路三段275巷)

共同創造

賽斯教育中心啟建計畫　贊助專戶

戶名：財團法人新時代賽斯教育基金會

銀行：國泰世華銀行-台中分行(013)

帳號：006-03-500490-2

台灣身心靈全人健康醫學學會 *Taiwan Society Of Holistic Medicine*

秉持著推廣身心靈三者合一的新時代賽斯思想健康觀念
培訓具身心靈全人健康思維之醫療人員與全人健康管理師
提升國人身心靈整體醫療照護，創造健康富足的新人生

期望您加入TSHM會員給予實質支持

一、醫護會員：年滿二十歲以上贊同本會宗旨之醫事人員或相關學術研究人員。

二、團體會員：贊同本會宗旨之公私立醫療機構或團體。

三、贊助會員：贊同本會宗旨之個人。

四、學生會員：贊同本會宗旨之大專以上相關科系所之在學學生。

五、認同會員：認同本會宗旨之個人。

感謝您的贊助，讓TSHM推廣得更深更遠

本會捐款專戶：

銀　行：玉山銀行（北新分行）ATM代號：808

帳　號：0901-940-008053

戶　名：社團法人台灣身心靈全人健康醫學學會

服務電話：(02)2219-3379

上班時間：每週一至週五上午10:00至下午6:00

地　　址：231新北市新店區中央七街26號四樓

心情。Note 筆記

心情。筆記

Note

心情。筆記

Note

心情。筆記
Note

心情。筆記

Note

國家圖書館出版品預行編目(CIP)資料

心心相印 / 陳嘉珍著. --初版. --新北市：
賽斯文化, 2017.06
面； 公分
ISBN 978-986-94178-2-2（平裝）

1.超心理學 2.心靈學 3.靈修

175.9 106007184

每天的生活，都是靈魂的精心創造

You create your own reality.

每天的生活，都是靈魂的精心創造

You create your own reality.